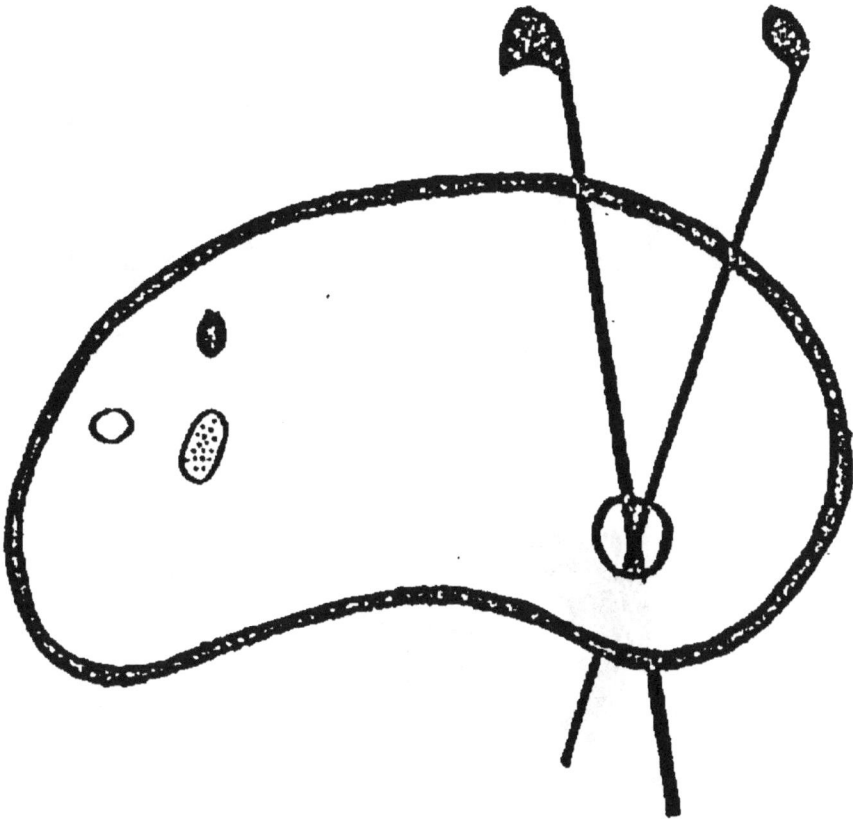

COUVERTURE SUPERIEURE ET INFERIEURE
EN COULEUR

LES SCIENCES
JURIDIQUES
ET POLITIQUES

Par F. LARNAUDE

PARIS

LIBRAIRIE LAROUSSE

13-17, rue Montparnasse

Prix : 75 cent., net

LA SCIENCE FRANÇAISE

———

LES SCIENCES
JURIDIQUES ET POLITIQUES

LA SCIENCE FRANÇAISE

LES SCIENCES JURIDIQUES ET POLITIQUES

Par F. LARNAUDE

PARIS

LIBRAIRIE LAROUSSE

13-17, rue Montparnasse

LES
SCIENCES JURIDIQUES
ET POLITIQUES [1]

SOMMAIRE

I. — INTRODUCTION

BIEN que l'exposition des livres de droit et de science politique française soit à peu près exclusivement composée de publications modernes, ne remontant pas au delà du XIXe siècle, il serait impossible de comprendre

---

(1) Ce travail sur la science juridique et politique française, nécessairement incomplet à raison de l'immense étendue du sujet, renferme des citations d'auteurs et d'ouvrages à la fois dans la partie dogmatique et dans celle qui est entièrement consacrée à la bibliographie. On excusera les omissions qu'a rendues nécessaires le peu de place dont il nous a été donné de disposer dans ce volume.

la contribution de notre pays à la production juridique
et politique, dans son ensemble, si nous ne rappelions pas,
en nous tenant d'ailleurs sur les sommets, les œuvres plus
anciennes qui ont contribué à en fonder les assises. Sans
doute ces travaux n'ont pas tous leur représentation matérielle dans la présente exposition, mais il aura suffi de
rappeler certains grands noms, les œuvres capitales,
quelques grandes codifications, pour montrer que, dans ce
travail commun de progrès juridique et politique, la France
n'est au-dessous d'aucune autre nation.

En quoi peut donc consister l'apport d'un peuple à l'œuvre
juridique et politique, à l'élaboration du droit public et
privé ?

Il nous paraît que cet apport résulte de trois facteurs
principaux :

1º Les lois et les codes en y comprenant les travaux parlementaires (législation) ;

2º Les jugements et arrêts des tribunaux et des cours,
avec les plaidoiries des avocats, les réquisitoires et conclusions des magistrats, les opinions des juges (jurisprudence);

3º Les travaux des jurisconsultes y compris l'enseignement des professeurs des Facultés de droit et les travaux
d'ordre scolaire qui s'y rapportent (doctrine).

Ainsi, *législation, jurisprudence, doctrine* telles sont les trois
sources de l'œuvre juridique, sous toutes ses formes, aussi
bien dans le droit public que dans le droit privé.

Or il est bien certain que, suivant les institutions propres
à chaque pays, telle de ces sources peut avoir plus d'importance que telle autre.

La jurisprudence, en particulier, joue un rôle bien plus
considérable dans certains pays que dans d'autres. Je n'en
veux pour preuve que l'exemple qui nous est donné par la
Cour suprême des États-Unis. Dans aucun autre pays du
monde, même en Angleterre, où l'on trouve cependant de
si éminents juges, il n'y a eu des magistrats ayant contribué
aussi efficacement à l'élaboration des principes du droit
public et privé qu'aux États-Unis. Les *chiefs justice* qui
portent les noms illustres de John Marshall, de Story, de

Taney, etc., etc., ont joué dans l'élaboration de l'œuvre juridique, en particulier dans le droit constitutionnel, un rôle au moins aussi important que tel grand orateur parlementaire ou que tel publiciste célèbre.

Dans d'autres pays, en France, en Angleterre, par exemple, ce sera le Parlement surtout, qui, par les débats approfondis et publics dont il est le théâtre, fournira, par l'intermédiaire de ses grands orateurs, les éléments les plus essentiels de l'œuvre juridique, particulièrement dans l'ordre du droit constitutionnel.

Et partout la doctrine, c'est-à-dire les écrits des jurisconsultes et des publicistes, l'enseignement des professeurs dans les Universités, déterminant la formation intellectuelle de leurs élèves, leur donnant l'orientation juridique qu'ils suivront plus tard, inspirant leurs travaux scolaires souvent si importants, les Revues juridiques et politiques, les grands journaux, où s'accumulent tant d'idées dans une forme souvent anonyme, partout, dis-je, la doctrine vient soumettre au crible d'une discussion et d'une critique libres et désintéressées — c'est là qu'est leur force — les multiples manifestations judiciaires, législatives, oratoires de l'élaboration juridique et politique.

Nous voudrions montrer que, sur bien des points, dans cette œuvre, qui forme une part si capitale de la civilisation elle-même, l'apport français ne le cède à aucun autre, que sur bien des points notre pays a joué le rôle de précurseur et dirigé l'orientation juridique et politique d'un grand nombre de pays.

Mais nous espérons prouver aussi que la France n'a jamais entendu régenter les autres peuples, et que si certaines idées, élaborées par la pratique législative et judiciaire française ou par ses publicistes, ont, par leur force d'expansion, pénétré et pénètrent encore dans les constitutions et les lois de certains pays, acquérant ainsi un caractère d'universalité, c'est librement, sans contrainte aucune, qu'elles s'y sont introduites et qu'elles s'y maintiennent.

II. — LE DROIT ET LA SCIENCE POLITIQUE AVANT 1789

C'est au XVIe siècle et à partir du XVIe siècle, sous l'influence du mouvement général de la Renaissance, que se constituent les assises véritables de l'œuvre juridique européenne sous tous ses aspects.

1º Le *droit romain*, auquel remontent les législations privées de tous les peuples civilisés, qui a, pendant longtemps, presque exclusivement formé l'esprit juridique des générations de juristes, étudié jusque-là, principalement dans des buts d'application pratique, l'est désormais d'après la méthode historique. Tous les grands noms de cette nouvelle école sont français. En tête, il me suffira de citer l'illustre CUJAS (1522–1590), le Papinien moderne, comme on l'a si justement appelé, dont Grotius disait qu'il était « un homme incomparable dans la science du droit romain », et qui d'après notre célèbre Pasquier « n'eût, n'a, et n'aura, par aventure, jamais son pareil ». C'est encore un Français, DONEAU (1527-1591), dont les *Commentarii juris civilis*, sont le premier traité complet et systématique embrassant l'ensemble du droit romain. Son œuvre synthétique a exercé une grande influence.

Jacques GODEFROY, enfin, un peu postérieur en date (1582-1652), appartenant par conséquent plutôt au XVIIe siècle « fut pour le droit du Bas-Empire et surtout pour son droit public ce que Cujas avait été pour le droit privé ». Ses commentaires sur le Code Théodosien ont fondé l'étude du droit public romain et gardent encore aujourd'hui, malgré des travaux plus récents, qu'ont facilités de nouvelles découvertes de textes et d'inscriptions, toute leur valeur (1).

2º *Législation civile*. — La législation civile nationale, formée par les coutumes, et que le droit romain a toujours imprégnée de plus en plus, a été aussi l'objet, au XVIe siècle, de travaux dont l'influence a été tellement grande qu'on peut les considérer comme des monuments non pas seulement du droit français mais du droit de tous les pays.

---

(1) ESMEIN, *Cours élémentaire d'histoire de droit français*, 11e édit., p. 845.

On pourrait en trouver de très remarquables déjà, dans les siècles antérieurs, en plein moyen âge, d'où émerge la personnalité si prenante de notre grand BEAUMANOIR (1246 ou 1247-1296) dont les Coutumes du Beauvoisis constituent certainement « l'œuvre juridique la plus originale, la plus remarquable de tout le moyen âge (1) ».

Mais ces jurisconsultes anciens ne peuvent pas être considérérés comme ayant eu une influence générale.

Au contraire, DUMOULIN au XVIe siècle, DOMAT au XVIIe POTHIER au XVIIIe ont, en quelque manière, créé le droit civil français, le droit civil national.

DUMOULIN (1500-1566) est un des plus grands jurisconsultes, non seulement de la France, mais de tous les pays et de tous les temps. Il n'y en a pas qui manient mieux que lui, aussi puissamment que lui, ces deux armes terribles des jurisconsultes, la logique et la raison. Il a été le grand démolisseur de la féodalité, du morcellement coutumier, le grand antagoniste de l'Église, le grand destructeur des usages sans fondement rationnel. Il est un des précurseurs les plus originaux et les plus puissants de ce droit civil à tendances universelles, exclusif de tout privilège, qui forme aujourd'hui comme le droit commun des peuples civilisés (2).

DOMAT (1625-1696), l'ami de Pascal, est le jurisconsulte philosophe, dont les *Lois civiles dans leur ordre naturel*, son œuvre capitale, ont pu être comparées, à raison de leur belle symétrie, de leur caractère un peu froid, « à un beau monument du temps de Louis XIV » (3). « C'est le plan général de la société civile le mieux ordonné qui ait jamais paru », a dit de son œuvre le chancelier d'Aguesseau. C'est la préface du Code civil.

Quant à POTHIER (1699-1772), il a résumé, clarifié, simplifié, vulgarisé le droit civil français dans une série de traités, qui sont comme le commentaire anticipé du Code civil. Par lui et par Domat l'unité du droit est faite doctrinalement, et attend son législateur.

---

(1) Paul VIOLLET, *Histoire du droit civil français*, 3e édit., p. 200.
(2) BRISSAUD, *Histoire générale du droit français*, t. I. p. 382.
(3) Paul VIOLLET, *Op. cit.*, p. 242.

Et cette législation, fusion de ce que le droit coutumier et le droit romain renferment de meilleur, complétée par ce que la Révolution lui apportera de principes nouveaux d'égalité civile et de sécularisation dans la famille et dans l'État, va servir de guide et de modèle, sous la forme du Code civil, à un grand nombre de pays.

C'est à raison de ce caractère que nous lui avons donné asile dans cette notice. Bien que la législation civile soit ce qu'il y a de plus national dans le droit d'un pays, celle de la France a eu, plus que celle d'aucun autre pays, un caractère universel.

Il est assez singulier de faire remarquer, avant d'abandonner nos grands jurisconsultes coutumiers que c'est chez eux, dans leurs œuvres, que se trouve, et à raison justement de la diversité des coutumes, le point de départ d'une des branches les plus nouvelles du droit, le droit international privé.

Les conflits qui s'élèvent aujourd'hui, sur les matières du droit privé et pénal, devant les tribunaux, entre les lois des différents États, se produisaient à l'époque où notre pays ne jouissait pas du bienfait de l'unité de législation, entre les différentes et si nombreuses coutumes qu'il renfermait. Ce sont les mêmes principes qui s'y trouvaient engagés. C'est presque par les mêmes théories et les mêmes raisonnements qu'on en poursuivait la solution.

Or ce sont deux de nos plus grands jurisconsultes du XVIᵉ siècle, DUMOULIN, que nous avons déjà rencontré, et D'ARGENTRÉ (1519-1590), qui, après BARTOLE et ses successeurs, en ont établi les assises.

Et au XVIIIᵉ siècle, FROLAND (mort en 1746), BOULLE-NOIS (1680-1762), le président BOUHIER (1673-1746) dans les ouvrages les plus approfondis et les plus complets qui aient été publiés dans aucun pays sur « les statuts », sur « la contrariété des lois et des coutumes », sur « la personnalité et la réalité des lois, coutumes ou statuts », fondent définitivement les théories qu'il n'y aura pour ainsi dire qu'à transposer pour les rendre applicables aux conflits modernes des lois.

. 3° *Science politique et droit public.* — Ce même XVIᵉ siècle, qui vit tant de « géants de la jurisprudence », comme on les a justement appelés, a vu naître aussi le père de la science politique et de la théorie de l'État, notre grand BODIN (1530-1596), dont les *Six livres de la République* annoncent déjà l'œuvre qui lui donnera cet incomparable éclat, jamais dépassé ni même égalé, l'*Esprit des lois*, de MONTESQUIEU.

Au dire d'un bon juge, Sir Frédérik Pollock, l'éminent jurisconsulte anglais, Jean Bodin n'a pas seulement « créé le principe de la souveraineté dans sa substance, tel que l'ont adopté tous les publicistes modernes avec plus ou moins de variantes dans la formule ». Il a de plus fait faire un grand pas à la séparation de ces deux ordres d'idées, l'éthique et le juridique, dans la science politique même, découverte qui, dit Sir Frédérik Pollock, ne le cède en importance qu'à la séparation originelle de la politique et de l'éthique par Aristote. Peut-on trouver beaucoup de noms dans l'histoire de la science et des doctrines politiques, dont on pourrait faire un éloge pareil ?

Quant à MONTESQUIEU (1689-1755), je m'abstiendrai d'apprendre aux Américains ce que leur droit constitutionnel et celui du monde entier doivent à son *Esprit des lois*, dont les principales théories ont pénétré dans les constitutions de tous les peuples et ont spécialement influé sur la Constitution fédérale de 1787. Montesquieu n'a-t-il pas été qualifié très exactement d' « oracle », par les célèbres auteurs du *Federalist*, A. Hamilton, J. Jay, et J. Madison, qui le citent à chaque page de leur commentaire ?

Méthode historique définitivement introduite dans l'étude de la science politique, règle de la séparation des pouvoirs, qui constitue une des rares axiomes incontestés du droit constitutionnel et qui se retrouve aujourd'hui partout, Constitution anglaise révélée au monde, dont elle va bouleverser et faire modifier les institutions politiques, ce sont là des titres que peu d'ouvrages ont acquis dans l'histoire, si l'on excepte la Bible et les compilations de Justinien.

Nous ne citerons pas Jean-Jacques ROUSSEAU (1712-1778) au nombre des auteurs français se rattachant à la science politique par son célèbre *Contrat social*, puisque l'illustre écrivain est né à Genève. Il est cependant incontestable qu'il fait partie de cette pléiade d'auteurs français du XVIIIe siècle, qu'on appelle les philosophes, et qui ont si puissamment contribué à hâter l'écroulement de l'ancien régime, et l'avènement d'une ère nouvelle pour le droit public et privé des peuples civilisés. Il est non moins certain que ses longs séjours en France et sa fréquentation des cercles littéraires de Paris ont influé grandement sur ses doctrines.

Il ne faut pas oublier les *Physiocrates* parmi les écrivains qui ont renouvelé la science politique et contribué au mouvement qui devait aboutir à 1789. Si l'œuvre des physiocrates est principalement économique, il n'en est pas moins vrai que QUESNAY, LE MERCIER DE LA RIVIÈRE, LE TROSNE, le marquis DE MIRABEAU, DUPONT DE NEMOURS, BAUDEAU, TURGOT, soit dans leurs écrits, soit dans leur correspondance avec les principaux monarques de l'Europe, ont agité les problèmes politiques les plus importants.

4° *Droit criminel.* — Nous trouvons encore au XVIe siècle un des précurseurs du droit criminel nouveau, fait d'humanité et de respect de la personnalité humaine, idées qui devaient trouver plus tard, au XVIIIe siècle dans l'Italien Beccaria, leur interprète définitif.

AYRAULT (1536-1601) a eu quelque mérite à protester énergiquement, au milieu des troubles civils suscités par les guerres religieuses du XVIe siècle, en faveur des règles et des formes essentielles de la justice criminelle, que l'introduction définitive de la procédure inquisitoire méconnaissait si cruellement.

C'est de lui qu'est cette belle maxime « Dénier la défense, c'est un crime ; la donner, mais non pas libre, c'est tyrannie ».

Mais ce sont surtout non pas des jurisconsultes mais des publicistes, des « philosophes », représentants de l'esprit public, qui au XVIIIe siècle, ont élevé la voix en faveur des vrais et des nouveaux principes qui allaient bientôt s'introduire dans la législation criminelle. Et, à part Beccaria,

C. DE SECONDAT
DE MONTESQUIEU.

GRAVURE DE
HENRIQUEZ, 1778

ces publicistes sont Français. C'est Montesquieu, c'est surtout Voltaire qui fut en ces matières le grand apôtre et le propagateur de la bonne doctrine. Je me contenterai de citer ces grands noms, qu'on trouve partout où il y a une cause juste et humaine à soutenir, et qui sont si représentatifs de l'esprit français du xviiie siècle.

5° *Droit international.* — Un seul grand nom est à citer dans le domaine du droit international aux trois derniers siècles qui ont précédé l'ère moderne, c'est celui du Hollandais Grotius. Nous ne voulons pas enlever un seul rayon de la gloire qu'il fait rejaillir sur sa patrie. Il nous sera cependant permis de rappeler que sa famille est originaire de notre Bourgogne, et surtout que c'est en France, où il était lié avec tous les grands jurisconsultes de son temps, que venu à l'appel d'un de ses amis pour fuir les persécutions religieuses de son pays, il composa, sur le conseil d'un magistrat français, Peiresc, à l'aide de la bibliothèque mise à sa disposition par un autre magistrat français de Thou, son traité *De Jure belli et pacis.* C'est à Paris que le livre fut imprimé, et c'est à Louis XIII qu'il est dédié.

Mais si la France n'a ici aucun grand nom à mettre en parallèle avec celui des grands jurisconsultes et publicistes que nous avons jusqu'ici rencontrés, il faut cependant signaler, au xviiie siècle, Mably, dont, au dire d'un bon juge, *le Droit public de l'Europe fondé sur les traités* a provoqué le puissant et intéressant mouvement en faveur d'une réforme des règles de la guerre sur mer.

C'est dans ce même xviiie siècle d'ailleurs que se place le rêve de *paix perpétuelle* de l'abbé de Saint-Pierre, suite sans doute du *grand dessein* de Henri IV et Sully, rêve qui n'est pas déplacé dans ce xviiie siècle français si généreux, si enthousiaste, si plein d'illusions sans doute aussi, mais d'où sont sorties cependant tant de réformes heureuses. Comme le dit M Nys. « l'une des premières contributions que le xviiie siècle apporte en France aux études de droit international est un livre essentiellement généreux » (1).

(1) Nys, *les Théories politiques et le droit international en France jusqu'au XVIIIe siècle*, page 127.

III. — LE DROIT ÉCRIT ET LA CODIFICATION

Une des tendances les plus marquées de l'esprit juridique français est celle qui l'a toujours poussé à préférer le droit écrit au droit coutumier, et la codification à l'accumulation des lois.

La France n'a jamais pu vivre longtemps sous le régime indéterminé, fluctuant et équivoque de la *Coutume*. A toute époque le *droit écrit*, avec ses caractères de clarté et de fixité, a voulu sa place, de plus en plus prépondérante, puisque les coutumes elles-mêmes deviennent du droit écrit proprement dit, dès leur rédaction officielle, pendant tout le cours du XVIᵉ siècle.

Et cette tendance de l'esprit juridique français, amoureux de clarté, de précision, se complète par cette autre tendance, non moins impérieuse, à la *codification*, c'est-à-dire à un droit écrit systématisé, logiquement ordonné et classé dans de grandes œuvres législatives aux divisions claires et méthodiques.

Ces deux tendances sont aujourd'hui tout à fait dominantes dans les pays civilisés des deux mondes, et les législations anglo-saxonnes y résistent de plus en plus faiblement.

En France elles remontent très haut dans notre histoire, et ont trouvé leur expression définitive dans les Codes du Consulat et de l'Empire, au commencement du XIXᵉ siècle, codes dont l'apparition a été comme le signal d'une rénovation de l'œuvre juridique dans un si grand nombre de pays.

Mais, déjà dès le XVIᵉ siècle, elles se manifestent par cette rédaction officielle des coutumes qui se transforment en droit écrit et par les ordonnances célèbres inspirées par le grand chancelier L'HOSPITAL.

Et sous le grand règne de Louis XIV, au moment où se produit une si magnifique floraison dans notre littérature nationale, les grandes ordonnances codificatrices, inspirées par COLBERT, introduisent aussi dans l'œuvre juridique cet esprit classique, cette clarté, cette précision et cette belle symétrie qui sont le secret de sa force d'expansion. Dès la fin du *grand siècle*, la France avait son Code de procédure civile (ordonnance civile touchant la réformation de la justice de 1667), son Code de procédure criminelle (ordonnance criminelle de 1670), son Code de commerce (ordonnance du commerce de 1673), son Code maritime, public et privé (ordonnance de la marine de 1681), son Code des eaux et forêts (édit portant règlement général des eaux et forêts, de 1669). Le Conseil du roi, le Parlement, avec le grand chancelier LAMOIGNON, avaient pris la part la plus importante à cette œuvre législative hors de pair.

Il manquait à la France la codification la plus importante, mais aussi la plus difficile à accomplir, celle du droit civil, où il fallait concilier et fondre le droit coutumier et le droit romain, modifié par la jurisprudence des Parlements du Midi. Sous Louis XV et sous l'influence du chancelier D'AGUESSEAU, qui avait rêvé de réformer l'ensemble des lois françaises et de les fondre en un seul corps, des codifications partielles furent entreprises et menées à bonne fin, sur les donations (ordonnance sur les donations de 1731), sur les testaments (ordonnance concernant les testaments de 1735), sur les substitutions (ordonnance concernant les substitutions de 1747).

Les codifications françaises des XVIIe et XVIIIe siècles, constituent un des plus beaux monuments législatifs, pour l'époque où elles ont été accomplies, qui se puissent citer dans l'histoire générale des législations.

La France marquait déjà, sous l'impulsion de ses grands ministres, de ses grands chanceliers, de ses grands magistrats du Parlement de Paris, son attachement profond à la simplification et à la clarté dans les lois, en même temps qu'elle manifestait sa tendance irrésistible et historique à la centralisation et à l'uniformité législatives.

IV. — LE DROIT ET LA SCIENCE POLITIQUE DEPUIS 1789

La grande date, dans le droit public et privé, pour les peuples libres, c'est la Révolution de 1789, d'où sort une ère nouvelle, différant profondément, bien qu'il n'y ait pas rupture absolue, de l'organisation juridique et politique qui l'a précédée en France. Dans cette période, toujours ouverte, la France n'a pas seulement maintenu son rayonnement juridique, elle l'a accentué et développé. Dans l'ordre politique et du droit public elle l'a même singulièrement accru.

Et ce n'est pas seulement le prodigieux mouvement d'idées dont elle avait été le théâtre dans la seconde moitié du xviiie siècle, ce ne sont pas seulement les grands bouleversements que la Révolution de 1789 a amenés dans les conditions sociales, c'est-à-dire dans les rapports séculaires des individus entre eux, et dans l'organisation politique, c'est-à-dire dans les rapports des particuliers avec le gouvernement, qui ont été transportés dans la presque totalité de l'Europe, à la suite des armées de la Révolution et de l'Empire, c'est aussi la forme même prise par la législation, constitutionnelle ou civile — *droit écrit et codification* — qui a pénétré, un peu partout, sous notre influence.

La France avait été la grande codificatrice de la fin du xviie siècle et de la première moitié du xviiie siècle. Sa nouvelle œuvre codificatrice, préparée un peu confusément sous la Révolution, reprise et achevée sous le Consulat et le premier Empire, dans des conditions de perfection et de rapidité qui n'ont encore jamais été égalées, a pu, par suite de son expansion au dehors, être comparée sans exagération à la diffusion des lois romaines, condensées dans les compilations de Justinien.

Pourquoi ne tirerions-nous pas quelque gloire de cette magistrature intellectuelle et sociale (nous ajouterons juridique et politique), exercée ainsi par la France aux xviie, xviiie et xixe siècles? demande avec raison M. A. Sorel (1)? Si l'Europe centrale avait adopté le Code prussien de 1794, est-ce que les historiens de la Prusse n'en tireraient pas gloire pour leur patrie? Or, le Code prussien de 1794 est resté profondément ignoré, malgré son caractère encyclopédique et ses innombrables articles. C'est que les Constitutions de la Révolution, avec leurs déclarations des droits

_____

(1) *Introduction au Livre du Centenaire du Code civil*, tome I, p. 17.

qui sont aussi des codifications, c'est que les Codes napo-
léoniens répondaient mieux aux aspirations générales des
peuples qui les ont adoptés. C'est aussi que la forme en
était si parfaite, la langue si claire, que ces codifications ont
pu s'adapter très facilement, soit par transplantation directe, soit par infiltration, aux mœurs de ces peuples. « Le
Français, en légiférant pour lui-même, s'est trouvé légiférer
pour ces peuples ».

L'esprit codificateur français vient de se traduire encore et tout récemment par une œuvre toute nouvelle et
des plus intéressantes : les *Codes et lois en vigueur dans le
protectorat français du Maroc*, dont la promulgation a eu
lieu le 30 août 1913, suivant de très près l'établissement
du protectorat lui-même qui a été réalisé par le traité
du 30 mars 1912.

Sans détailler toutes les lois qui viennent ainsi doter le
Maroc, principalement en vue des Européens et Américains
qui y résident, d'une législation au courant des derniers
progrès réalisés, soit en France, soit à l'étranger, dans l'ordre du droit privé, je dois citer, comme particulièrement
dignes de retenir l'attention, les textes relatifs à l'*organisation judiciaire*, le *Code de procédure civile*, le petit code en
vingt articles sur le *droit international privé*, le *Code des obligations et des contrats*, le *Code de commerce*, enfin les règles
relatives à l'*immatriculation des immeubles*.

Cette nouvelle législation marocaine réalise ce paradoxe
que désormais le Maroc a une codification beaucoup plus
parfaite que la France continentale dont il n'est qu'une
dépendance. ·

La plupart de ces nouveaux codes, postérieurs aux codes
européens les plus récents (Code civil allemand, Code civil
suisse), dans la rédaction desquels leurs auteurs ont tenu
compte de toutes les modifications, de tous les perfection-
nements dont la législation privée a été l'objet depuis la
codification française du commencement du XIXᵉ siècle,
pourraient être offerts à nouveau comme modèles. Clarté,
simplicité, décisions à la fois logiques et pratiques, exclu-
sion de ces règles abstraites qui déparent certains codes

récents où elles ne sont pas à leur place, telles sont leurs principales qualités. Elles font grand honneur aux hommes distingués qui ont été chargés de leur rédaction.

C'est là ce qu'il est nécessaire de mettre en relief au début de cette notice consacrée à l'ère moderne. L'apport français à l'œuvre législative générale s'est réalisé à la fois dans le fond et dans la forme. Pour le fond, par l'expansion des idées renfermées dans nos constitutions et dans nos codes, pour la forme, par la traduction quelquefois littérale, et pour le moins par l'adaptation de nos constitutions et de nos codes aux institutions d'un grand nombre de pays. Cet emprunt n'a d'ailleurs pas cessé de se produire et telle constitution, tel code, telle grande loi nouveaux pourraient être cités qui continuent l'œuvre vulgarisatrice de la France, inaugurée avec un incomparable éclat, au début du XIXe siècle.

Quant à l'apport proprement scientifique, il s'est développé parallèlement, et est, à l'heure actuelle, particulièrement intense. Seulement son domaine s'est accru et ramifié à la fois.

D'une part des formations nouvelles, fruit d'un développement économique (industriel et commercial) nouveau, sont venues s'ajouter aux formations anciennes. Le *droit industriel*, le *droit international privé* comptent parmi ces branches nouvelles de l'organisation et de la science juridiques.

D'autre part, les anciennes disciplines elles-mêmes se sont quelquefois ramifiées et divisées. C'est ainsi que dans le droit criminel, une branche nouvelle, pour ne citer que celle-là, s'est ajoutée au tronc primitif, la *science pénitentiaire*.

C'est ainsi encore que l'*histoire* et les *théories générales* (d'ordre philosophique, sociologique ou proprement juridique) tendent à se constituer en branches distinctes, éclairant, par l'étude plus poussée des origines, par la recherche des idées maîtresses et des lois scientifiques qui dominent tout développement humain, le droit public et privé tout entier.

Il faut mentionner un second caractère de l'évolution juridique et politique dans l'ordre législatif mais surtout dans l'ordre doctrinal, c'est la prépondérance prise à notre époque par l'élément de comparaison entre les lois et les théories des auteurs des différents pays.

Dans l'ancien régime, et particulièrement à partir de la Renaissance, il y avait un facteur de l'uniformité doctrinale puissant, c'étaient les Universités elles-mêmes. Elles étaient beaucoup moins nationales et particularistes qu'aujourd'hui. La langue latine, commune à tous les lettrés, permettait au même professeur d'enseigner successivement dans une Université française, italienne, allemande.

Aujourd'hui ce facteur d'unification a disparu. Mais, malgré la difficulté qu'entraîne l'obligation de connaître plusieurs langues, la comparaison des législations et des théories juridiques a fait, dans la dernière partie du XIXᵉ siècle, des progrès considérables.

La France a eu le mérite de comprendre la première ce besoin d'instruction et d'information par l'étranger. La *Société de législation comparée*, en faisant traduire et annoter les principales lois votées dans les différents pays du monde, depuis 1870, a rendu à la science du droit un service inappréciable. Le *Comité de législation étrangère* du Ministère de la Justice en faisant traduire les codes les plus récents et les plus importants a complété son œuvre. La *Société de législation comparée* ne s'est pas d'ailleurs bornée à des traductions, elle a de plus institué des discussions sur les principaux objets de la législation publique et privée dans les deux mondes. De concert avec la *Société d'études législatives*, de création plus récente et qui a déjà acquis un renom mérité sous l'habile impulsion qui lui a été donnée, elle a organisé un *Congrès de droit comparé*, le premier qui ait eu lieu jusqu'à présent, comme la *Société de législation comparée* est la première association constituée dans le but de faire connaître, par le double moyen que je viens d'indiquer, les institutions publiques et privées de l'étranger.

Rien n'est plus caractéristique de la manière française et de l'esprit français que cette utilisation des apports législatifs et doctrinaux de tous les pays. La France a toujours estimé et elle estime plus que jamais qu'il ne saurait y avoir d'hégémonie scientifique dans le droit, pas plus qu'il ne peut se constituer une hégémonie dans l'ordre politique ou économique mondial. Chaque peuple a son originalité et contribue, pour une part plus ou moins grande, à l'élaboration de cette civilisation juridique qui va se perfectionnant chaque jour. Sans doute, il peut arriver que certains peuples apportent plus que d'autres dans ce creuset où se fondent les différentes conceptions de la justice. Mais l'ambition légitime de chacun d'eux doit être d'y contribuer pour sa part, si minime soit-elle.

Cette préoccupation se retrouve d'ailleurs dans les écrits de nos auteurs et dans les discussions législatives de nos Chambres politiques. Il n'y a pas de peuple moins exclusif dans ses opinions même juridiques, bien que son patrimoine propre dans cet ordre de faits et d'idées ne soit pas le moins riche, que le peuple français. Il cherche partout où il croit la trouver, prêt à l'emprunter, au détriment quelquefois d'un développement historique qu'il n'hésite pas à contrarier, la meilleure réalisation du vrai, de l'utile, du juste, dans les progrès qui se sont produits même en dehors de lui. Il a prêté et prête encore beaucoup, mais il emprunte aussi, et ne prétend imposer une direction exclusive et tyrannique au droit ni aux institutions d'aucune nation.

V. — LE DROIT CONSTITUTIONNEL ET LA SCIENCE POLITIQUE

Les *déclarations de droits*, qui figurent dans les premières constitutions de la Révolution, imitation des déclarations de droits américaines, mais renouvelées, rajeunies et animées de tout le souffle du XVIIIᵉ siècle, se sent, comme une traînée de poudre, introduites dans les constitutions du monde entier, même dans celles qui par leurs principes sont le plus éloignées du droit des peuples libres. Et dès que, par la Charte de 1814, nous avons eu réduit en maximes claires et brèves les pratiques et les usages de la *Constitution anglaise* et du régime parlementaire, la plupart des législations constitutionnelles se les sont incorporées.

C'est par nous enfin que le type écrit de constitution, dont le premier modèle se trouve aux États-Unis, s'est aussi propagé.

Voilà quel a été notre apport dans le droit public des peuples libres.

Or, quel est aujourd'hui l'État qui n'a pas une constitution écrite, le régime représentatif et souvent parlementaire, et une de ces *déclarations de droits* qui comptent parmi les idées forces et les besoins d'ordre moral et politique les plus puissants que les Sociétés aient jamais connus?

Si de ces textes, dont la force d'expansion a été si grande, nous passons à l'interprétation, qui elle aussi fait corps avec la constitution et la suit partout où elle va, nous constatons une différence capitale entre les États-Unis et le régime des constitutions européennes. Aux États-Unis, l'interprétation de la constitution est avant tout judiciaire. C'est par les Cours suprêmes des États, et surtout par la Cour suprême fédérale que la constitution a été interprétée (1). En France c'est dans les grands débats parlementaires de nos Assemblées politiques qu'il faut aller chercher cette interprétation.

Et c'est dans les discours de nos grands orateurs de la Révolution, de la Restauration, de la monarchie de Juillet, de la Révolution de 1848, du Second Empire, et de la Troisième République, qu'on en trouve le vivant commentaire (2).

---

(1) On me permettra de citer ma communication à la *Société de législation comparée*, en 1902, sur les garanties judiciaires qui existent dans certains pays au profit des particuliers contre les actes du pouvoir législatif. (*Bulletin de la Société de législation comparée*, tome XXI, 1901-1902, pp. 175-229 et pp. 240-257.

(2) Les débats de nos Assemblées politiques sont reproduits dans la collection, en cours de publication, publiée par MM. Mavidal et Laurent sous le titre d'*Archives parlementaires*. A la date de 1910, la première série (1787-1799) comprenait 74 volumes gr. in-8°, la seconde (1800-1860), 117 volumes. Cette collection se complète par celle qui porte le titre d'*Annales du Sénat et de la Chambre des Députés*. Cette dernière, de 1861 à 1904 se compose de 440 volumes. Le *Journal officiel* de la République française publie aussi depuis 1871 les débats de nos Assemblées législatives, jusque-là reproduits dans le *Moniteur Universel*, ainsi que les rap-

MIRABEAU, BARNAVE, MALOUET, SIEYÈS, en particulier,
et tant d'autres sous la Révolution, LAINÉ, DE SERRE, FOY,
DE BROGLIE, Benjamin CONSTANT, ROYER-COLLARD, sous
la Restauration, disent la plupart du temps, dans un lan-
gage magnifique les principes essentiels du droit constitutionnel des peuples libres. Ils ont trouvé aussi des défen-
seurs éloquents sous la monarchie de Juillet avec GUIZOT,
THIERS, DUPIN ainé, DUVERGIER DE HAURANNE, SAUZET,
d'autres encore; sous le Second Empire lui-même, où la tri-
bune politique a été si brillamment occupée à diverses
reprises par les Jules FAVRE, les Jules SIMON, les THIERS,
les DUFAURE, les E. PICARD, et enfin dans les diverses
assemblées qui se sont succédé depuis la fondation de la
Troisième République, particulièrement dans l'Assemblée
nationale de 1871, qui a voté la Constitution de 1875, et
dont les discussions politiques rappellent les plus beaux
jours de l'Histoire parlementaire de la France.

On en trouvera aussi les principes dans les plaidoiries
et les réquisitoires de certains grands procès politiques
sous la Restauration, sous la monarchie de Juillet et sous
le Second Empire (1).

Quant à la doctrine proprement dite, ce sont aussi de très
grands noms que nous allons y rencontrer. Nommons
d'abord deux de nos hommes politiques les plus en vue,
orateurs aussi, et de plus au premier rang dans la pléiade de
nos écrivains, Benjamin CONSTANT (1767-1830) et CHATEAU-
BRIAND (1768-1848). GUIZOT (1787-1874), ne vient pas bien

---

ports et documents parlementaires qui s'y rapportent. C'est dans ces
publications qu'on trouvera les discours de nos orateurs politiques dont
certains sont si importants pour la doctrine constitutionnelle. Quelques-uns
d'entre eux ont été aussi publiés séparément, notamment ceux de Mirabeau,
Benjamin Constant, Royer-Collard, de Broglie, Guizot, Thiers, Jules Favre,
Gambetta, Jules Ferry, etc., etc.

(1) Certains de ces procès ont fait l'objet de publications spéciales. Au
premier rang il faut citer : le *Procès des ex-ministres de Charles X*. Paris,
S. d., 3 vol. in-18.

Les formes de procéder et la compétence de la Cour des pairs, sous la
monarchie de Juillet, où les procès politiques ont été particulièrement
nombreux, ont été étudiées dans l'ouvrage publié par CAUCHY sous ce titre :
les Précédents de la Cour des Pairs.

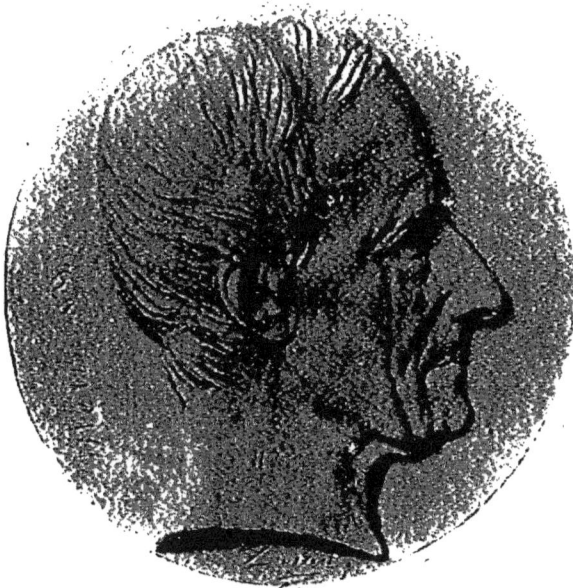

MERLIN de Douai (1754-1838)

MÉDAILLON PAR
DAVID D'ANGERS

loin après eux; et quant à DE TOCQUEVILLE (1805-1859), son livre classique, *la Démocratie en Amérique*, le place à un rang que je laisserai à nos hôtes le soin de fixer, sans qu'ils oublient cet autre chef-d'œuvre, *l'Ancien régime et la Révolution*. DE BROGLIE, PRÉVOST-PARADOL, Jules SIMON, DUPONT-WHITE, LABOULAYE doivent être cités parmi les propagateurs des idées libérales les plus connus qui ont vécu sous le Second Empire.

La théorie et l'histoire du droit constitutionnel ont été faites avec un grand éclat dans la chaire de droit constitutionnel créée à la Faculté de droit de Paris en 1834 sur l'initiative de M. Guizot en faveur de P. ROSSI et où celui-ci a enseigné pendant dix ans, de novembre 1835 à mars 1845. Il quitta l'École pour aller à Rome remplir les fonctions d'ambassadeur et y trouva une fin tragique. Bien que P. Rossi soit un des plus illustres enfants de la nation italienne, nos alliés nous permettront de l'inscrire ici au nombre de nos professeurs et de nos publicistes les plus célèbres.

Et plus près de nous, M. BOUTMY, le fondateur d'une École, où viennent se former comme à la Faculté de droit de Paris les hommes d'État du monde entier, M. BOUTMY, le plus fin et le plus puissant peut-être des psychologues politiques, et notre regretté collègue, M. A. ESMEIN, en qui s'alliaient si parfaitement le sens historique et l'esprit juridique, ont apporté au droit public et à la science constitutionnelle une contribution qui n'a certainement été dépassée dans aucun pays.

A ces noms il faut ajouter ceux de M. Charles BENOIST, dont les articles sur l'*État moderne*, de la « Revue des Deux-Mondes » ont été si remarqués, M. MOREAU, dont le *Précis élémentaire de droit constitutionnel* est parvenu à sa 7e édition et qui a publié sous ce titre, *Pour le régime parlementaire*, une vigoureuse défense de la liberté politique, c'est-à-dire du « régime représentatif qui en est la meilleure sauvegarde et du régime parlementaire qui est la forme supérieure du régime représentatif », et de M. PIERRE, dont le *Traité de droit politique, électoral et parlementaire* est pour la France ce qu'est en Angleterre le *Treatise on the law, proceedings and usage of Parliament* d'Erskine May, traduit en français par M. E. Delpech. Le *Manuel de droit constitutionnel*, de M. SAINT-GIRONS, a été un des premiers ouvrages suscités par notre nouvelle Constitution, comme l'*Étude sur les lois constitutionnelles*, de 1875, de M. Ch. LEFEBVRE, où les traits essentiels du régime parlementaire allié à la forme républicaine sont si nettement et si vigoureusement détachés; M. Léon DUGUIT clôt la liste des auteurs d'ouvrages généraux sur le droit constitutionnel avec son *Traité*, dont le premier volume renferme un résumé des théories de l'auteur sur le droit en général et une théorie de l'État qui ne rentrent pas dans la conception française traditionnelle du droit constitutionnel.

Quant aux monographies, elles sont fort nombreuses et pour la plupart d'une très grande valeur. Elles ont été presque toutes suscitées par les concours ouverts devant l'Académie des sciences morales et politiques et surtout devant la Faculté de droit de Paris (concours Rossi). Les ouvrages de M. JOSEPH BARTHÉLEMY, l'*Introduction du régime parlementaire en France* sous Louis XVIII et Charles X, le *Rôle du Pouvoir exécutif dans les Républiques modernes*, l'*Organisation du suffrage et l'expérience belge;* de M. BOMPARD, le *Veto du président de la République et la sanction royale;* de M. LAIR, des *Hautes Cours politiques en France et à l'étranger;* de M. MATTER, la *Dissolution des assemblées politiques;* de M. MORIZOT-THIBAULT, la *Division du Pouvoir législatif en deux Chambres;* de M. RIPERT, la *Présidence des assemblées politiques;* de M. MICHON, les *Enquêtes parlementaires;* de M. G. BARBIER, le *Code expliqué de la Presse*, forment le complément le plus précieux de la théorie et de l'histoire du droit constitutionnel telles qu'elles sont exposées dans les traités généraux.

La liste des *Revues* qui publient des travaux sur le droit constitutionnel et la science politique serait fort longue à dresser. Il faudrait citer en effet les grandes Revues littéraires, comme la *Revue des Deux-Mondes*, la *Revue de Paris le Correspondant,* où paraissent souvent des études de science politique de tout premier ordre. Il ne faudrait pas oublier non plus les Revues juridiques générales où le droit public est souvent supérieurement traité. Je me contenterai de citer trois Revues spécialement consacrées au droit public : la *Revue du droit public et de la science politique en France et à l'étranger,* que j'ai fondée en 1894, la *Revue politique et parlementaire* qui a commencé à paraître la même année, les *Annales de l'École libre des sciences politiques,* dont la publication remonte à 1886.

En résumé, il ne semble pas que dans le domaine du droit constitutionnel, la France ait manqué depuis 1789 à sa mission de pionnier des idées libérales, soit dans l'ordre politique, soit dans celui des libertés civiles. Par ses constitutions, ses lois, ses orateurs parlementaires, ses publicistes, ses professeurs, ses Revues, on reconnaîtra qu'elle est à un bon rang, qu'il ne m'appartient pas d'ailleurs de fixer.

VI. — LE DROIT ADMINISTRATIF

L'existence d'un droit administratif est considéré par certains auteurs étrangers, par M. Dicey, en particulier, comme une des particularités les plus notables du régime juridique français, auquel il en fait d'ailleurs grief (1). Nous ne croyons pas la critique fondée. La France est, en effet, le pays classique du droit administratif. Le droit administratif français, tel qu'il a été établi en l'an VIII, avec ses circonscriptions et ses autorités administratives hiérarchisées, avec sa centralisation, avec sa juridiction administrative, a aussi essaimé comme le Code civil. Bien des pays l'ont imité. Et en particulier la *Juridiction administrative,* pierre angulaire de ce droit, s'est répandue dans la plupart des États continentaux à l'imitation de ce qu'elle est en France.

C'est devant l'une de ces juridictions, devant la plus haute, le Conseil d'État, qu'est née cette voie de recours qui protège mieux qu'aucune autre contre les actes de l'adminis-

---

(1) Dicey, *Introduction à l'étude du droit constitutionnel,* trad. Batut et Zèze, 1902.

tration, le *recours pour excès de pouvoir*, imité en Italie dans le recours à la IVe Section du Conseil d'État, et que de bons juges, comme le professeur américain Goodnow (1), proclament l'institution la mieux appropriée au but recherché et qui est de contenir l'administration dans les limites de la légalité, hommage qu'on nous permettra de mettre en regard des critiques de M. Dicey.

C'est principalement dans ces trente dernières années que le droit administratif a accentué en France cette forme juridictionnelle qui fait son originalité. Et ce qui concorde avec cette nature du droit administratif français c'est que c'est par la jurisprudence du Conseil d'État, par les conclusions de ses commissaires du gouvernement, qu'il s'est développé, beaucoup plus que par les travaux de la doctrine, et qu'enfin les traités qui, aux diverses époques de l'évolution du droit administratif, ont vraiment divulgué, révélé le droit administratif, ont pour auteurs des membres du Conseil d'État ou des administrateurs : DE GÉRANDO, MACAREL, DE CORMENIN, VIVIEN, BOULATIGNIER, AUCOC, E. LAFERRIÈRE ont appartenu au Conseil d'État. La plupart de ces derniers, d'ailleurs, ont aussi enseigné le droit administratif, dans des Écoles spéciales ou à la Faculté de droit de Paris, et c'est ce qui leur a permis sans doute de doctrinaliser leurs connaissances pratiques, de les condenser et de les répartir dans l'ordre logique sans lequel il n'y a pas d'enseignement possible. A toute époque d'ailleurs l'enseignement, soit dans ses leçons, dont l'influence quoique inaperçue est si considérable, soit dans ses travaux écrits, a pris une part des plus actives à l'élaboration du droit administratif, sans atteindre cependant des hauteurs auxquelles est vite arrivé l'enseignement du droit civil. Mais les travaux des SERRIGNY, des FOUCART, des CHAUVEAU, des F. LAFERRIÈRE, des BATBIE, des DUCROCQ, des CABANTOUS, ont aussi puissamment aidé à la formation de la doctrine du droit administratif. Les avocats au Conseil

---

(1) Frank GOODNOW, *The Executive and the Courts;* dans Political science Quarterly, 1886, p. 557 et suiv.

d'État et à la Cour de Cassation y ont pris aussi une part qui n'est pas sans mérite avec le grand traité de Dufour, avec le livre si rempli d'histoire, un filon qui n'a pas encore été suffisamment exploré, de M. R. Dareste, sur la *Justice administrative*.

Mais c'est la jeune École, dont la plupart des auteurs appartiennent à l'enseignement des Facultés de droit, qui a imprimé à l'étude du droit administratif une allure doctrinale nouvelle et vraiment scientifique.

Au premier rang il faut placer l'œuvre de M. Hauriou, dont les huit éditions du *Précis de droit administratif*, et surtout les *Notes* qu'il a données au recueil de Sirey depuis 1892, constituent une contribution à l'élaboration des théories administratives qui fera date dans l'histoire de notre discipline.

Les travaux de M. Michoud, et surtout son traité de la *Personnalité morale*, qui se rattache plus particulièrement à la théorie générale du droit, sont l'œuvre d'un des esprits les plus lucides qui se soient attaqués aux théories administratives.

Il faut placer au premier rang aussi le *Traité* classique d'une si élégante clarté de M. H. Berthélemy ; les vigoureux *Principes dominants du contentieux administratif* de M. R. Jacquelin ; l'œuvre un peu plus ancienne d'un professeur trop tôt enlevé à la science, M. Alfred Gautier, qui peut être considéré comme le précurseur de la nouvelle École ; les articles si pleins de finesse, d'une analyse si pénétrante de M. Artur, dans la *Revue du droit public*, réunis en volume sous le titre : De la séparation des pouvoirs et de la séparation des fonctions de juger et d'administrer ; la belle monographie de M. Moreau sur le *Règlement administratif*, où l'Histoire jurisprudentielle est suivie de si près, et son méthodique *Manuel de droit administratif ;* les monographies sur la *Séparation des pouvoirs* de M. Saint-Girons et de M. Fuzier-Hermann et les deux volumes écrits par MM. Petit et Barrilleau pour terminer la 7e édition en 6 volumes du *Traité de droit administratif* de M. Ducrocq ; le *Traité de la Compétence admi-*

nistrative de M. BRÉMOND; deux ouvrages tout récents, d'un caractère très différent, sont enfin à signaler : celui de M. Pierre DARESTE, sur les *Voies de recours contre les actes de la puissance publique*, où les théories sont à peu près exclusivement justifiées par la jurisprudence, et celui de M. G. JÈZE, les *Principes généraux du droit administratif*, qui est aussi très jurisprudentiel, mais beaucoup plus abstrait et d'une terminologie un peu ésotérique.

Il faudrait, pour être complet et rendre justice à tous les talents de la jeune École du droit administratif, citer nombre d'articles de la *Revue du droit public et de la science politique*, de la *Revue générale d'administration*, du grand *Répertoire de droit administratif* de MM. BÉQUET-LAFERRIÈRE et DISLÈRE. Nous y renvoyons le lecteur ainsi qu'aux conclusions des commissaires du gouvernement devant le Conseil d'État et le tribunal des conflits, où brillent les noms des LE VAVASSEUR DE PRÉCOURT, des ROMIEU, des G. TEISSIER, des CHARREYRE, des SAINT-PAUL, des BLUM et d'autres encore.

Je crois devoir mentionner, avant de terminer cette courte notice, le *Congrès international des sciences administratives* qui s'est tenu à Bruxelles en 1910 et où la participation des auteurs français a été tellement prépondérante que j'en ai recueilli le témoignage, comme chef de la délégation française, de la bouche même de S. M. Albert Ier, à qui va aujourd'hui l'admiration du monde entier. On trouvera dans chacun des cinq volumes qui renferment les travaux du Congrès, soit dans les rapports, soit dans les discussions, la trace de l'effort français pour « maintenir l'administration dans sa sphère et lui défendre jalousement de pénétrer dans la nôtre », pour l' « obliger juridiquement d'exécuter la loi, non pas au gré de son caprice et de son arbitraire, mais suivant l'esprit même de la fonction dont elle est investie », « pour associer à son action celle des individus et des associations » (1).

---

(1) F. LARNAUDE, Discours prononcé à la séance d'ouverture du Congrès des sciences administratives au nom des délégués étrangers et, en particulier, au nom des délégués des pays latins. *(Comptes rendus du premier Congrès international des sciences administratives, Bruxelles 1910.)*

VII. — LE DROIT CRIMINEL (DROIT PÉNAL ET INSTRUCTION CRIMINELLE)

Le droit criminel, qui forme une partie si importante du droit public, et dont le caractère marque si exactement le degré de liberté dont jouit l'individu, a été, comme nous l'avons vu, profondément modifié dans ses principes essentiels à la fin du XVIIIᵉ siècle, sous l'influence, non pas tant des juristes que des publicistes. Sous la Révolution ces progrès prirent place dans un certain nombre de lois et de codes, et les deux codes impériaux de 1808 (Code d'instruction criminelle) et de 1810 (Code pénal) condensèrent en règles et formules précises tout ce qu'il y avait d'essentiel à conserver de l'ancienne procédure et des règles du nouveau droit criminel.

Ces codes, appliqués dans tous les pays sur lesquels la France avait étendu son empire au début du XIXᵉ siècle, y ont longtemps survécu à la chute de Napoléon Iᵉʳ, et le Code d'instruction criminelle de 1808, en particulier, simplifiant et améliorant la législation existante « a servi de type à la plupart des codes modernes » (1). Tout le centre et le midi de l'Europe, l'Allemagne, l'Italie, la Belgique, le Luxembourg, la Hollande ont subi cet empire ou cette influence. Seulement les peuples qui nous ont d'abord emprunté notre législation criminelle ont sans cesse tendu à l'améliorer, et on peut dire qu'à l'heure actuelle, sous l'influence de nouveaux principes, souvent très opposés à ceux si libéraux de la philosophie du XVIIIᵉ siècle, le droit criminel est en voie, encore une fois, de transformation.

On ne s'en tient plus aux enseignements de l'École, qu'un auteur belge de grand renom, M. Prins, appelle l'École humanitaire. « Cette École a eu cependant, écrit M. A. Prins, une action considérable sur le siècle qui vient de s'écouler. Elle a inspiré la plupart des codes qui ont réglé le droit de punir en Europe. Elle a adouci les peines, construit les prisons qui s'élèvent dans le monde entier, restreint les cas

---

(1) *Rapport* de M. Thonissen à la Chambre des représeï ï nts de Belgique.

d'application de la peine de mort ou aboli cette peine, favorisé l'éclosion de toutes les mesures qui pourraient contribuer au relèvement et au reclassement du condamné. On ne saurait assez louer l'esprit de charité et de fraternité dont elle a fait preuve. Le sentiment de pitié sociale, qui a succédé à la dureté et à la rigueur de l'ancien régime, est l'honneur de notre époque (1). »

Pour suivre, dans l'orientation nouvelle des théories criminalistes, l'influence de la France, il faudrait non seulement consulter les auteurs les plus considérables, mais analyser avec le plus grand soin les débats et les rapports des grands congrès internationaux consacrés aux matières criminelles, qu'ils soient organisés par les gouvernements ou par les sociétés scientifiques (2). Nous y verrions la part brillante prise dans ces derniers temps par les criminalistes français, par les GARRAUD, les A. LE POITTEVIN, les GARÇON, les RIVIÈRE. Dans l'ordre de la doctrine nous relèverions, avec les mêmes noms, ceux de CHAUVEAU, Faustin HÉLIE, TRÉBUTIEN, BOITARD, ORTOLAN, VILLEY, SALEILLES, VIDAL, dont les œuvres classiques sont dans toutes les bibliothèques criminalistes de la France et de l'étranger.

Dans ces théories nouvelles, certaines, prenant le contre-pied des principes de 1789, menacent, dans un intérêt de meilleure préservation pénale et de plus complet amendement du coupable, la liberté individuelle elle-même. Les criminalistes français ne se laissent pas entraîner dans cette voie qui leur paraît dangereuse. Je ne saurais mieux faire que de transcrire ici les paroles éloquentes par lesquelles M. Garçon protestait contre cette tendance de certains criminalistes modernes : « Toutes ces théories (3), disait-il au Congrès de Bruxelles en 1910, ont le défaut commun de substituer à l'autorité de la loi l'arbitraire du

---

(1) A. PRINS, *Science pénale et droit positif*, Bruxelles et Paris, 1899.
(2) On trouvera les comptes rendus de ces Congrès dans les publications spéciales qui ont été faites par les Gouvernements et dans la *Revue pénitentiaire de droit pénal*, et le *Bulletin de l'Union internationale de Droit pénal*.
(3) *Bulletin de l'Union international du droit pénal*, tomes XVII et XXI.

juge ou de l'administration. Toutes violent la règle fondamentale du droit public moderne, que la constitution belge, en particulier, consacre dans son article 9, « Nulle peine ne peut être établie et *appliquée* qu'en vertu d'une loi ». Et dans un autre congrès, M. Garçon précisait davantage encore en disant — car c'est toujours là qu'il faut en revenir — « j'attribue aux principes de la Révolution française une valeur absolue parce que je suis sûr que les abus qu'ils ont détruits reparaîtraient aussitôt qu'ils seraient tombés dans l'oubli, et que les dangers de l'arbitraire ne sont pas moindres aujourd'hui qu'ils ne l'étaient autrefois ». Sous prétexte de mieux protéger la Société, il ne faut pas que, même ou surtout pourrait-on dire dans le droit criminel, on substitue au « gouvernement de la loi le gouvernement des hommes ».

Il faut mentionner avant de quitter le droit criminel l'excellente *Revue de droit pénal et de science pénitentiaire*, organe de la *Société générale des prisons*, qui est répandue dans le monde entier. Au moins autant que dans le compte rendu des Congrès internationaux de droit pénal, on trouve dans les débats de la *Société générale des prisons*, reproduits par la *Revue*, la discussion approfondie de toutes les questions qui touchent au droit criminel. Professeurs, magistrats, avocats, hauts fonctionnaires de l'admitration pénitentiaire, et de la justice, hommes politiques, praticiens y viennent échanger leurs idées, mettre en contact et quelquefois en opposition les résultats de leur expépérience et de leurs études. C'est une mine précieuse pour le législateur, pour l'homme d'État et pour le savant.

VIII. — LE DROIT INTERNATIONAL PUBLIC

Nous laisserons la parole à un auteur allemand d'un grand renom, auteur d'un des traités de droit international les plus complets et les plus estimés, M. de Holtzendorf (1), pour qualifier l'importance de la Révolution française, de

---

(1) DE HOLTZENDORF, *Éléments de droit international*, § 8, p. 26.

l'apport français par conséquent dans le droit international moderne : « Ce qui caractérise surtout la Révolution française, écrit de Holtzendorf, ce qui constitue sa grandeur et sa gloire, c'est le côté cosmopolite, le côté humanitaire, que nous rencontrons en elle, surtout à ses débuts. L'idée de justice, l'égalité de tous les hommes devant la loi, la liberté de conscience, l'abolition de l'esclavage, la liberté individuelle du citoyen, en un mot les grands principes que la Révolution française a proclamés et qui sont devenus le patrimoine commun des nations policées, donnent à cette Révolution une importance capitale dans l'histoire du droit des gens ».

Nous ne voulons pas ici faire l'examen de ce que, au cours du XIXᵉ siècle et du XXᵉ, la France a fait par ses hommes d'État, par sa politique internationale, en faveur d'une amélioration constante du droit des gens. Je me bornerai à citer son initiative en 1856 qui aboutit à la célèbre déclaration du traité de Paris sur le *droit international maritime,* sa politique constante en faveur du *principe des nationalités,* quelque préjudice qui put en résulter pour elle, ses interventions dans les congrès, par l'intermédiaire de ses représentants en faveur des *solutions pacifiques des conflits entre les États,* son respect absolu des *règles qui s'imposent aux belligérants,* même lorsque ses adversaires les méconnaissent. Ceci est de l'histoire, avant tout, et même de l'histoire présente, je n'y insisterai pas.

Mais dans l'ordre doctrinal je dois signaler la part prépondérante que ses publicistes ont prise au progrès du droit des gens. Le nombre des auteurs qui ont écrit sur le droit international est considérable dans ce siècle. Mais s'il est un nom qui émerge au-dessus des autres, dont le rayonnement par l'action qu'il a exercée dans les grandes assises internationales est vraiment mondial, n'est-ce pas celui du savant modeste autant qu'éminent qui occupe à la Faculté de droit de Paris la chaire de droit international public ? Le prix Nobel de la Paix est venu, aux applaudissements du monde entier, récompenser l'admirable carrière de M. Louis RENAULT et le mettre au premier rang des internationalistes modernes.

Nous devons signaler aussi une autre manifestation de

l'influence exercée par M. Renault, celle qui s'est traduite par le nombre considérable de thèses de doctorat qu'il a inspirées. Depuis qu'il occupe la chaire de droit international public, en 1881, jusqu'à l'année 1914, il n'a pas présidé moins de 204 thèses, dont un grand nombre ont été couronnées par la Faculté de droit de Paris et forment des œuvres de premier ordre.

Un grand nombre de manuels, dans toutes les langues, ont été publiés sur le droit international public, dans ces trente dernières années. Les ouvrages de MM. FUNCK-BRENTANO et SOREL, CHRÉTIEN, PIÉDELIÈVRE, PILLET, MÉRIGNHAC, BONFILS et FAUCHILLE, DESPAGNET et DE BOEK, figurent en bon rang. Quant à la *Revue générale de droit international public* fondée par MM. Pillet et Fauchille, elle a pris tout de suite et gardé, malgré les imitations dont elle a été l'objet, la tête parmi les publications similaires.

Signalons aussi les monographies de MM. ROUARD DE CARD, Pillet, DUPUIS, Despagnet, ENGELHARDT, CLUNET, etc.

Mentionnons enfin les publications de textes de droit international et les recueils d'arbitrages internationaux de MM. Renault, BASDEVANT, Fauchille, DE LA PRADELLE et POLITIS.

La fin du XIXe siècle et le commencement du XXe sont, on peut le dire, l'âge d'or du droit international. Congrès, associations de droit international, conférences officielles, traités, unions, ouvrages généraux, monographies, Revues, collections qui y sont consacrés se sont multipliés et croissent en nombre tous les jours. C'est une rénovation complète des rapports internationaux qui se produit. Elle prendra un nouvel essor et continuera à porter ses fruits bienfaisants, une fois la guerre terminée, en raison même des violations cyniques de ses principes les mieux établis dont elle a été l'occasion.

IX. — LE DROIT PRIVÉ. CODE CIVIL

C'est peut-être dans le droit privé et spécialement dans le droit civil que le rayonnement de la France a été le plus considérable dès le début et pendant une grande partie du xixe siècle.

Dans la codification du Consulat et de l'Empire, celle qui a pour objet le droit civil a eu un tel destin que depuis Justinien il ne s'en était pas produit de pareil.

A quelles qualités le Code Napoléon (c'est son premier titre) doit-il cette influence qui s'est traduite tantôt par l'adoption pure et simple de son texte, analogue à la réception du droit romain au moyen âge par certains États, tantôt par une adaptation, une copie plus ou moins modifiée, tantôt enfin par une influence plus ou moins directe sur la rédaction d'autres codes?

Un auteur allemand loue (1) « sa précision et sa brièveté, sa netteté et sa clarté logique », « sa concision, sa perfection technique ».

Un auteur japonais, voulant expliquer pourquoi le Japon, lors de sa renaissance, alla chercher à Paris une législation qui pût lui servir de modèle, s'exprime ainsi : « La clarté et la simplicité sont le caractère de l'esprit français, en même temps que l'unité et la centralisation y sont poussées plus loin qu'ailleurs dans son système politique et social. Voilà pourquoi le gouvernement choisit la France comme directrice pour achever sa grande réforme législative d'après les principes modernes européens. En effet le système de l'Angleterre est trop incertain, à cause de la place qu'y tiennent les coutumes, et la législation de l'Allemagne est trop variée et trop incompréhensible à cause de la diversité des régimes dans un État fédéral, tandis qu'*en France tout est systématique, tout est clair, facile à comprendre d'un coup d'œil* pour un jeune élève comme le Japon. De plus, la législation française est fondée sur les principes du droit naturel, *principes qui peuvent convenir à tous les peuples et à tous les pays*, malgré la différence de civilisation et de mœurs » (2).

Nous nous contenterons de ces témoignages et nous nous

---

(1) Müller, *Le Code civil en Allemagne* (Dans le *Livre du Centenaire*, t. I, p. 627).

(2) Goraï, *Influence du Code civil français sur le Japon* (Dans le *Livre du Centenaire du Code civil*, t. II, p. 783).

abstiendrons d'invoquer ceux que nous pourrions si facilement trouver dans notre pays. En somme, en Allemagne même, en Belgique, en Italie, dans le Grand-Duché de Luxembourg, en Égypte, aux Pays-Bas, en Roumanie, dans la Suisse Romande et spécialement à Genève, le Code civil a été purement et simplement introduit, ou adapté, ou légèrement modifié, ou bien il a servi de modèle.

Et dans combien d'autres pays, parmi les quarante-cinq ou six qui se sont donné un Code civil depuis la promulgation du nôtre, n'a-t-il pas exercé son influence, soit par son texte lui-même, soit par l'intermédiaire de ses interprètes, lus dans toutes les parties du monde? Dans combien de pays n'a-t-il pas été aussi par suite de ce grand mérite qu'il est avant tout « l'application de l'idée de justice aux réalités de la vie », qu'il a « ordonné en définitions précises les réalités de la Révolution », dans (1) combien de pays n'a-t-il pas été aussi un « appel de réformes » ? Le Code civil était avant tout « le droit privé d'une démocratie », comme l'a si exactement qualifié mon regretté collègue SALEILLES (2). Il n'est pas étonnant que partout où la démocratie pénètre il y entre à sa suite.

Si, laissant de côté ce rayonnement du Code civil, à l'étranger et ses causes, nous envisagions maintenant ce qu'en ont fait la jurisprudence en l'appliquant et les interprètes en le commentant, nous constaterions combien, malgré tant de changements survenus dans les mœurs, dans les intérêts, dans les idées, dans les conditions sociales, depuis cent ans, il a résisté à ce qui menace toute œuvre humaine, à l'effet rongeur du temps et des changements, tantôt brusques, tantôt insensibles qu'il amène dans la vie et dans le droit qui la suit dans ses transformations.

S'il n'a pas été atteint dans ses fondements par la puissante révolution sociale dans laquelle nous sommes engagés déjà depuis de longues années (développement de la fortune mobilière, développement industriel, machinisme, impor-

---

(1) Albert SOREL, *Introduction au Livre du Centenaire du Code civil*, t. I, passim.

(2) SALEILLES, *Le Code civil et la méthode historique* (*Ibid.*, t. I, p. 114).

tance prise par les classes ouvrières), cela tient à deux causes.

D'une part par ses fondements, qui sont la liberté civile, la sécularisation du droit, l'égalité de tous devant la loi, la famille fortement constituée, l'héritage en harmonie avec le droit de propriété individuelle et avec le droit de la famille, il répond toujours, et il répondra longtemps encore aux tendances les plus certaines des peuples civilisés ; d'autre part, une jurisprudence très simple et une doctrine très ingénieuse ont comblé les lacunes et procuré l'adaptation des textes aux réalités et aux besoins nouveaux qui surgissaient.

La jurisprudence des Cours d'appel et au-dessus d'elles celle de la Cour de cassation ont empêché le Code civil de vieillir. Elles ont presque joué le même rôle pour le Code civil que le préteur à Rome pour le *jus civile* et la jurisprudence de la Cour suprême aux États-Unis pour la Constitution.

Quant à la doctrine, elle représente une des plus formidables gloses dont jamais législation écrite ait été accompagnée.

Le *Répertoire* et les *Questions de droit* de MERLIN, le « prince des jurisconsultes », le « nouveau Papinien », qui pendant treize ans, par ses fonctions de procureur général à la Cour de cassation fut en quelque sorte le régulateur de notre Cour suprême, les réquisitoires et les rapports de certains magistrats de la Cour de cassation, au premier rang desquels il faut citer DUPIN aîné, les commentaires de DELVINCOURT, de PROUDHON, de TOULLIER, de DURANTON, de TROPLONG, d'ordre plus particulièrement exégétique, représentent déjà une somme de travail d'un mérite exceptionnel pour le temps où ils ont paru et qui se consultent encore avec le plus grand fruit.

Leurs successeurs, les AUBRY et RAU, les DEMOLOMBE, les MARCADÉ et Paul PONT, les DEMANTE et COLMET DE SAUTERRE, impriment à l'étude du droit civil un caractère plus dogmatique. Les premiers commentateurs cherchaient avant tout à faire comprendre le sens des textes. Ceux-ci cherchent à retrouver les principes, les règles générales dont les textes ne sont que l'application.

ALEXIS DE TOCQUEVILLE (1805-1859)

Bientôt une nouvelle génération d'écrivains, où dominent comme dans les deux premières les professeurs des Facultés de droit, put faire apparaître une méthode plus scientifique encore, la méthode comparative et critique, qui élève les commentaires du Code civil à la hauteur, où elle se maintient en se développant sans cesse, des véritables traités scientifiques de droit privé.

A cette nouvelle école, toujours en progrès, se rattachent les œuvres et l'enseignement des VALETTE, des BUFNOIR, des Charles BEUDANT, des LABBÉ, des LAROMBIÈRE, des HUC, des GUILLOUARD, des PLANIOL, des BAUDRY-LACANTINERIE et de ses nombreux et vaillants collaborateurs, des SALEILLES, des MASSIGLI, des SURVILLE, des Ambroise COLIN et CAPITANT, les derniers venus et non les moins dignes d'être cités dans cette pléiade de civilistes éminents.

Et si on joint à ces travaux un très grand nombre de traités spéciaux, de thèses de doctorat, de mémoires, couronnés dans les facultés de droit, d'articles de *Revues*, de notes d'arrêts (si importantes) sans oublier les volumineux *Répertoires* de DALLOZ, de SIREY, des Pandectes françaises, on peut dire que la France a, sur le droit civil, un ensemble d'œuvres qui ne le cède en importance, ni en influence exercée dans le monde entier, à celle d'aucun autre peuple.

Que s'achève la revision du Code civil commencée depuis quelques années (1), et la législation de la France continuera à exercer cette « prépondérance juridique » (2), si marquée dans le droit du XIXᵉ siècle, et qu'elle devra encore à l'esprit démocratique et conservateur à la fois, à l'idée profondément humaine, qui se dégage de toute son histoire et se reflète dans sa législation, et aussi à « ces formules claires, précises, dégagées de toute théorie inutile (3) », et formulées dans une langue qui semble faite pour « donner droit de cité aux idées qui ont une valeur universelle ».

---

(1) Cette revision a été entreprise en 1904 par une commission dont le *Bulletin de la Société d'études législatives* a déjà publié quelques travaux.

(2) DESLANDRES, Les travaux de Raymond SALEILLES sur les questions sociales. (Dans l'Œuvre juridique de R. Saleilles, p. 272.)

(3) R. SALEILLES, *De la Déclaration de volonté*, p. 9.

X. — LE DROIT COMMERCIAL

Dans cette branche si importante du droit privé que constitue le droit commercial, l'apport français par voie de législation, de jurisprudence, de doctrine, est considérable encore, sans que cependant on puisse le comparer à ce qu'il représente dans l'ordre du droit civil.

Le Code de commerce de 1807 a, comme tous les codes français du commencement du xixe siècle, produit son influence directe ou indirecte sur un certain nombre de législations commerciales étrangères. C'est ainsi qu'un assez grand nombre de pays ont des codes de commerce rédigés sous l'influence directe du nôtre. Ce sont l'Italie, la Hollande, la Belgique, l'Espagne, le Portugal, la Grèce, la Turquie, l'Égypte, la Roumanie.

Mais, les changements qui se sont introduits dans le commerce et, en particulier, son internationalisation, plus accentuée que dans toutes les autres branches de l'activité humaine, ont amené des lois tellement nombreuses, pour réglementer ces rapports nouveaux, qu'il n'y a pas à l'heure actuelle de code de commerce, dans aucun pays, qui puisse être cité comme renfermant une systématisation complète du droit commercial. La plupart du temps, des lois très importantes et souvent fort longues n'y rentrent pas.

Quant à la doctrine, elle a, dans notre matière, une importance plus grande peut-être que partout ailleurs. Elle est représentée en France par des ouvrages de tout premier ordre.

Soit en traités généraux, soit en traités spéciaux ou monographies sur certaines parties du droit commercial, en particulier sur les sociétés, le droit maritime, la bibliographie juridique française est des plus riches.

Il ne faut pas négliger les auteurs anciens, où il y a encore beaucoup à apprendre. Il en est d'abord comme PARDESSUS, le savant éditeur de la *Collection des lois maritimes au XVIIIe siècle*, et des *Us et coutumes de la mer dans l'antiquité et au moyen âge* qui se sont acquis un renom d'érudition impérissable. On a pu qualifier exactement ces deux derniers ouvrages « la plus grande collection scientifique qui ait été jamais faite jusqu'alors sur le droit commercial ». PARDESSUS nous apprend lui-même, dans une étude qui date de 1818, qu'il se proposait de publier un semblable travail sur le *droit de change*. Et quand on songe qu'il avait déjà publié dès 1809, en deux volumes, un « traité du contrat et des lettres de change », on se prend à regretter amèrement qu'il ait été détourné par d'autres travaux d'un dessein dont la réalisation aurait sans doute amené dans le droit du change des modifications qui se sont produites sous d'autres influences et d'ailleurs beaucoup plus tard. Son *Cours de droit commercial* a été longtemps l'ouvrage le plus complet et le plus savant sur cette matière.

A côté de lui et après lui nous ne devons pas oublier les œuvres des ALAUZET, des BÉDARRIDES, des MASSÉ, des MOLINIER, qui tiennent une place des plus honorables et en particulier le traité de BRAYARD-VEYRIÈRES sur l'ensemble du droit commercial.

Quant aux auteurs plus récents, la France ne le cède à aucun autre pays pour le nombre, l'étendue des œuvres, la valeur qu'elles présentent et leur renommée à l'étranger.

Le *Traité de droit commercial* de MM. LYON-CAEN et RENAULT, le *Traité général théorique et pratique de droit commercial*, entrepris, sous la direction de M. THALLER, par onze de nos collègues des facultés de droit, qui doit avoir vingt volumes et dont sept ont déjà paru, sont, on peut le dire, deux œuvres maîtresses et qui font date dans l'histoire doctrinale du droit commercial.

Quant aux traités plus élémentaires, mais non moins scientifiques, il faut citer ceux de MM. Lyon-Caen et RENAULT, THALLER, Léopold LACOUR.

Les traités spéciaux sur les *Sociétés* de MM. VAVASSEUR, ARTHUYS, HOUPIN, ceux de MM. CRESP, DE VALROGER, DESJARDINS, DANJON sur le *droit maritime*, celui de M. HÉMARD sur les *Nullités de sociétés et les sociétés de fait*, des thèses de doctorat sur des sujets plus spéciaux encore et l'excellente Revue, les *Annales de droit commercial*, publiée sous la direction de M. Thaller, font de cet ensemble de publications, dont le droit commercial a été l'objet, un des plus complets et des plus homogènes dont aucun pays puisse se vanter d'être doté.

XI. — LES BRANCHES DE LA LÉGISLATION DE FORMATION RÉCENTE : DROIT INTERNATIONAL PRIVÉ, LÉGISLATION INDUSTRIELLE, LÉGISLATION COLONIALE

On peut dire qu'il y a trois branches de la législation qui actuellement font leur trouée, et qu'on n'aurait pas rencontrées il y a quelques années avec l'ensemble des œuvres doctrinales dont elles sont aujourd'hui dotées, c'est *le droit international privé*, la *législation industrielle*, la *législation coloniale*.

Le droit international privé est né de la multiplication des relations entre les peuples, de l'accroissement et de la rapidité des moyens de communication qui ont fait de si prodigieux progrès dans ces dernières années.

La législation industrielle a son origine dans le développement du machinisme qui a amené dans les rapports des patrons et ouvriers l'établissement d'un droit spécial, avec des règles nouvelles sur les risques qui menacent les ouvriers (accidents, maladie, vieillesse, chômage, décès prématuré), sur les rapports entre patrons et ouvriers (coalitions, grèves, syndicats professionnels), sur les contrats intervenant entre eux (apprentissage, contrat de travail), sur la protection des femmes et des enfants et même des majeurs contre un travail excessif (âge d'admission des enfants dans les usines, limitation de la journée de travail, repos hebdomadaire, etc...).

Enfin l'expansion *coloniale* de certains États, de la France, en particulier, a fait surgir des problèmes nouveaux, suscité des publications spéciales sur les rapports de la métropole avec les colonies, sur la condition des étrangers dans les pays de protectorat, sur celle des indigènes.

Ce qui caractérise ces trois branches nouvelles (1) de la

_____

(1) Quand nous disons *branches nouvelles*, nous entendons surtout nous référer à l'état de la législation et de la jurisprudence au commencement

législation c'est qu'elles offrent un mélange de droit public et de droit privé, et que leur croissance et leur transformation sont incessantes, surtout dans l'ordre industriel et colonial.

Dans tous ces domaines la France a mené encore le bon combat, dans ses lois, dans ses institutions, dans les traités internationaux auxquels elle a pris part, et aussi dans les œuvres doctrinales, les Revues qu'ont fait naître ces directions nouvelles de l'activité humaine.

XII. — LE DROIT INTERNATIONAL PRIVÉ

Le droit international privé a pris, vers la fin du xixᵉ siècle et depuis, un essor au moins aussi grand que le droit international public. Lui aussi est à son âge d'or.

Et dans cette accumulation d'ententes internationales, d'Unions ou de traités bilatéraux, de conférences officielles, de Congrès organisés par des associations scientifiques, de codifications spéciales, d'ouvrages doctrinaux, de revues, la France a tenu et tient encore largement sa place.

Je laisserai de côté les ententes internationales, les Conférences, les Congrès, qui sont avant tout des œuvres collectives auxquelles prennent part des délégués venus de tous les coins du monde et où les RENAULT, les LAINÉ, les CLUNET, les DE LAPRADELLE, les POLITIS ont joué leur rôle. Mais je dois signaler à nouveau cette codification des principes du droit international privé, destinée au Protectorat du Maroc et dont l'auteur, M. A. GEOUFFRE DE LAPRA-DELLE, a pu être qualifié par un bon juge en la matière qui avait à l'apprécier, M. Louis Renault, de « spécialiste consommé ».

Quant aux traités ou monographies, la France a trouvé de dignes continuateurs de l'œuvre des DUMOULIN, des FROLAND, des BOULLENOIS, des BOUHIER.

---

du xixᵉ siècle. Mais l'ancien régime avait un droit industriel, celui des *corporations*, il avait son *Code noir* qui constituait sa législation coloniale, et nous avons vu que les *conflits des coutumes* et le *régime des statuts* sont les origines immédiates du droit international privé.

L'ouvrage le plus complet et le plus répandu sur le droit international privé est, sans conteste, celui de M. A. Weiss. Et les traités de M. Pillet aux vues si originales, de M. Despagnet, de MM. Surville et Arthuys, le manuel si pratique de M. Valéry, les Études si pénétrantes de M. Bartin, les deux Revues françaises, le *Journal du droit international privé*, fondé et dirigé par M. E. Clunet, la *Revue de droit international privé et de droit pénal international* fondée par M. Darras, et dont la publication est activement dirigée par M. A. Geouffre de Lapradelle, attestent, avec les nombreuses thèses de doctorat consacrées à ces matières, l'intensité du mouvement doctrinal dont le droit international privé est l'objet à l'heure actuelle en France. Quant aux deux volumes d'*Introduction au droit international privé*, ils font vivement regretter que leur auteur, notre excellent et regretté collègue, M. A. Lainé, n'ait pas pu terminer ces études historiques sur la théorie des statuts dans ses rapports avec le Code civil.

XIII. — LA LÉGISLATION INDUSTRIELLE

La Législation industrielle a fait surgir des œuvres assez nombreuses au premier rang desquelles il faut placer les travaux d'un précurseur, Marc Sauzet, trop tôt enlevé à la science, et ceux de M. Jay sur la législation ouvrière, ainsi que les nombreuses et remarquables thèses de doctorat que son enseignement a inspirées et dont certaines figurent dans les ouvrages exposés.

Le livre si complet de M. Paul Pic sur les Lois ouvrières, le cours si clair et si scientifiquement élémentaire de .M. H. Capitant, les traités si approfondis de M. Cabouat sur la législation des accidents du travail, les publications si documentées de M. Bellom sur *les Assurances ouvrières à l'étranger* sont dans toutes les mains.

Et la Revue dirigée avec tant de compétence par M. Pic vient compléter, tenir à jour, les ouvrages sur ces matières qui vieillissent vite, à raison des remaniements incessants de la législation. Il faut y joindre les publications de l'*Asso-*

ciation nationale française pour la protection légale des travail-leurs et celles de l'*Office du travail*.

Mais il faut particulièrement signaler, en ces matières, la riche floraison des thèses de doctorat qu'elles ont fait naître et qu'elles suscitent tous les jours. Ces problèmes nouveaux, où s'agite la question sociale sous des formes pratiques, intéressent au plus haut point les étudiants de nos Facultés; et le catalogue complet de celles qui ont été soutenues devant la Faculté de droit de Paris et les Facultés des départements formerait une bibliothèque sur toutes les parties de la législation industrielle de tous points remarquable.

Il ne faudrait pas laisser de côté une autre branche de la législation industrielle, d'un caractère assez différent, qui se rapproche surtout du droit privé. Il s'agit des droits des inventeurs, des droits sur les marques de fabrique, sur les dessins et modèles industriels, du droit sur le nom commercial. Dans ce domaine, auquel il faut joindre celui de la propriété littéraire et artistique, les RENOUARD, les PATAILLE, les POUILLET, les HUARD, les ALLART, les Michel PELLETIER, les CLARO ont tracé un sillon où se trouvent remuées de nombreuses et intéressantes idées juridiques. L'idée de propriété qui va ainsi se diversifiant et s'étendant à des objets nouveaux, fruit du développement industriel, intellectuel et commercial intense qui caractérise l'époque moderne, se trouve quelque peu déformée sans doute, elle y joue, cependant, comme partout, le rôle capital et essentiel que rien ne semble pouvoir remplacer.

XIV. — LA LÉGISLATION COLONIALE

Quant à la *législation coloniale* qui est presque entièrement l'œuvre de ces dernières années, où la France a si largement accru ses *dependencies*, on en trouvera l'exposé administrativement si complet dans le *Traité de législation coloniale* de M. P. DISLÈRE. Les *Principes de colonisation et de législation coloniale* de M. Arthur GIRAULT, avec leurs notions historiques et économiques si intéressantes, leur documentation si complète, sont un des meilleurs livres qui aient été écrits sur la législation des *dependencies*.

Pour l'Algérie on trouvera l'exposé très détaillé de la législation qui la régit dans le *Traité de législation algérienne* de M. Larcher.

Des recueils de textes et des Revues spéciales sont indispensables à consulter pour avoir une idée complète du mouvement juridique colonial.

Ici encore de nombreuses et excellentes thèses de doctorat seraient à citer.

XV. — LA PROCÉDURE

Il est une partie de l'œuvre juridique qui reste à indiquer, celle qui concerne la procédure à suivre devant les tribunaux.

En réalité c'est dans toutes les branches du droit qu'on rencontre la procédure. Elle en est l'accompagnement obligé. Le droit constitutionnel a le règlement des assemblées et la procédure des hautes cours de justice, le droit administratif celle des juridictions administratives (Conseil de préfecture, Conseil d'État, Tribunal des conflits, Cour des comptes), le droit international celle de la Cour d'arbitrage de La Haye, le droit pénal celle des tribunaux de paix, correctionnels et des cours d'assises. Il y a aussi une procédure des juridictions disciplinaires.

Quant au droit privé, il a la procédure civile, suivie devant les tribunaux et les cours d'appel. La procédure en vigueur devant les tribunaux de commerce est la sanction des règles du droit commercial, et celle des conseils de prud'hommes tranche les litiges où sont intéressés les patrons et les ouvriers.

Nous trouverions enfin des règles particulières suivies dans les colonies et les protectorats.

Il faut même noter la procédure des tribunaux d'exception quand ils ont été institués (tribunal révolutionnaire, cours prévôtales, commissions mixtes).

Et par-dessus toutes ces procédures si diverses nous trouverions celle que suit la Cour de cassation, en matière civile et criminelle, dans son œuvre régulatrice, et le Conseil d'État quand il statue en la même qualité sur les affaires qui lui ressortissent.

Au milieu de toutes ces procédures, il en est trois qui se détachent avec un relief particulier : c'est la procédure civile, la procédure administrative et la procédure criminelle. Elles ont toutes les trois leur code, à l'heure actuelle, en France.

Le Code de *procédure civile*, le plus ancien, n'est guère qu'une seconde édition de l'ordonnance de 1667, modifiée d'ailleurs sur un assez grand nombre de points par quelques lois nouvelles et même par la jurisprudence et la pratique.

Nous reconnaissons volontiers que, sous ce rapport, l'influence française n'a pas été aussi grande que dans les autres parties de son œuvre juridique. Il y en a deux raisons. En général, les institutions de procédure sont de peu d'expansion. Elles sont très nationales. D'un autre côté le Code de procédure civile de 1806 a vieilli. La revision en est projetée depuis le milieu du siècle dernier.

Quant à la *procédure criminelle*, nous avons vu ce qu'elle était devenue en traitant du droit criminel.

La *procédure administrative* est la plus jeune de nos procédures. La loi du 22 juillet 1889 est un petit Code de procédure en 68 articles, simple et économique, en vigueur devant les Conseils de préfecture.

Et nous avons enfin un Code de procédure civile, plus jeune encore, celui qui est appliqué dans notre protectorat du Maroc depuis 1913, et qui fait partie de l'ensemble des dispositions légales destinées à cette partie de nos *dependencies*. La procédure y est très simplifiée et très améliorée par de judicieux emprunts à la procédure administrative et à des lois étrangères récentes (1).

_____

(1) Parmi les principes nouveaux les plus essentiels de cette nouvelle procédure, il faut citer : la suppression de tout système de postulation, la direction de la procédure confiée, non aux plaideurs ou à leur représentants, mais au juge lui-même, le caractère écrit qui réalise un progrès considérable sur les législations étrangères, encore attachées à la pratique de l'instruction faite à l'audience, l'absence à peu près complète de formalisme. « L'initiative et la responsabilité du juge sont constamment engagées. Il n'y a pas de moyens plus sûrs d'assurer de bons magistrats rendant une bonne justice ».

Quant aux autres procédures, elles sont organisées par des lois spéciales qu'il serait trop long d'indiquer ici et qui d'ailleurs, souvent, renferment d'autres règles que des règles de procédure proprement dite.

Dans cet ensemble de procédures, et abstraction faite de la procédure criminelle, qui a ses règles propres, c'est le *Code de procédure civile* qui constitue la procédure de droit commun, comme le Code civil est le droit commun privé. Aussi est-ce le seul qui ait fait l'objet de travaux vraiment importants.

Ces travaux vieillissent très vite, et je crois inutile d'insister sur d'autres que sur les plus récents.

Je ferai une exception pour l'œuvre considérable de BONCENNE et BOURBEAU, dont les sept gros volumes allient si heureusement le point de vue théorique et le point de vue pratique. L'ouvrage est malheureusement inachevé et il n'est plus au courant.

Parmi les œuvres plus récentes le *Traité théorique et pratique de procédure civile et commerciale, en justice de paix et devant les conseils de prud'hommes*, par le regretté doyen de la Faculté de droit de Paris, M. E. GARSONNET, conserve encore la première place, grâce aux rajeunissements que lui apporte la collaboration de M. CÉZAR–BRU. Les huit volumes que doit avoir la troisième édition et dont cinq ont déjà paru sont, à l'heure actuelle, le grand traité classique de procédure française.

Il faut signaler parmi les œuvres de dimensions plus modestes les *Leçons de procédure civile* de BOITARD, dont quinze éditions successives, mises au courant par MM. COLMET D'AAGE et GLASSON, tous deux anciens doyens de la Faculté de droit de Paris, attestent le succès prodigieux et si mérité, et le *Précis théorique et pratique de procédure civile*, par M. Glasson, dont la deuxième édition, publiée en 1908 par M. TISSIER, professeur de procédure civile à la Faculté de droit de Paris, est l'œuvre élémentaire et scientifique à la fois la plus récente sur notre matière.

Citons aussi les noms de BONNIER, BERTIN, CURET, qui ont écrit des monographies importantes sur les *Preuves*, les *Référés*.

Quelques thèses de doctorat et plusieurs mémoires couronnés par les Facultés de droit attestent l'intérêt que prennent à ces études les jeunes juristes.

La procédure comporte toujours un grand nombre de livres de pratique, de formulaires dont nous nous abstiendrons de faire la nomenclature sans intérêt pour la science.

XVI. — LA PHILOSOPHIE ET L'HISTOIRE APPLIQUÉES AU DROIT

Nous avons envisagé jusqu'à présent les sciences juridiques et politiques en elles-mêmes, dans leur objet positif comme dans leur portée pratique et leur application.

Mais il y a deux autres directions qu'elles peuvent prendre et que nous ne pouvons pas négliger.

D'une part, le droit et les sciences politiques sont souvent envisagés par les publicistes sous le point de vue philosophique ou de théorie générale, en ce sens qu'on n'y étudie que ce qu'il a de plus général, de plus universel. On établit les principes généraux que les sciences juridiques ou politiques supposent, les conclusions générales qui en résultent, on recherche surtout les méthodes et les principes et aussi les procédés employés pour leur élaboration.

D'un autre côté, chaque objet de la science juridique peut être étudié sous le point de vue historique. Le droit, toujours en mouvement, toujours en marche, n'est pas le même aux différents stades que parcourt une société. Il est conditionné par l'état des mœurs, la situation économique, sociale et politique du moment. Il résulte de ces conditions mêmes presque fatalement, inéluctablement, et ces conditions changeant, il change aussi !

XVII. — LA PHILOSOPHIE ET LA THÉORIE GÉNÉRALE DU DROIT

Les ouvrages de *philosophie du droit* ne sont pas aussi nombreux en France que dans les autres branches de la science juridique. Et cela vient sans doute de ce que l'enseignement des Facultés de droit n'a jamais compris, d'une façon définitive, cette branche cependant si importante des connaissances humaines, qui se rattache à la fois à la philosophie et au droit. Aussi les principaux ouvrages qui y ont été consacrés émanent-ils presque tous de philosophes plutôt que de juristes.

Il y a, d'ailleurs, sur ces questions, une série ininterrompue de travaux, dont certains sont particulièrement prophétiques dans l'analyse et la critique qu'ils ont faites des théories allemandes sur l'origine et le fondement du droit. Le livre de notre grand philosophe Alfred FOUILLÉE, l'*Idée moderne du droit*, dénonce dès 1878 les dangers de cette philosophie de la force créatrice du droit, qui érige la guerre en œuvre sainte et où Hégel fait de la destruction de contrées entières une œuvre de sauvage beauté nécessaire.

Or, ni dans les œuvres un peu anciennes de LERMINIER, de SCHUTZEMBERGER, de BÉLIME, d'OUDOT, de FRANCK, ni dans les ouvrages ou les articles plus récents de MM. BOISTEL, RENOUVIER, TANON, TISSOT, RICHARD, CHARMONT, DE VAREILLES-SOMMIÈRES, BEAUSSIRE, Charles BEUDANT, on ne trouvera jamais soutenues que les doctrines les plus généreuses, les plus idéalistes, les plus conformes aux grandes idées de justice, de raison, d'équité, de droit individuel, qui ont toujours été la doctrine française.

A côté des œuvres de philosophie du droit proprement dit il faut placer des travaux qui prennent leur point de départ plutôt dans le droit que dans la philosophie, dans le droit qu'ils envisagent au point de vue des théories générales, plutôt que sous le point de vue juridique positif, quelquefois avec utilisation de matériaux de législation comparée.

Il s'est produit dans cet ordre d'idées, dans ces derniers temps, des œuvres considérables.

Dans le droit privé, les travaux de M. GÉNY, de M. LAMBERT, de M. DEMOGUE, de M. CHARMONT, de M. DUGUIT et surtout de M. R. SALEILLES, sont parmi les plus importants à signaler.

Les travaux de M. Saleilles méritent d'attirer plus particulièrement l'attention. On a dit de lui très exactement que « sa marque distinctive et son mérite éminent consistent à avoir su élever le droit à la hauteur de la philosophie générale ». Il n'est pas de problème juridique dont il n'élargisse de suite la portée par le côté élevé par lequel il l'envisage.

Quant au droit public, il faut citer l'œuvre si discutable mais puissante de Duguit, le savant professeur de la Faculté de droit de Bordeaux, l'ouvrage si plein d'idées de M. HAU-RIOU, les *Principes du droit public*, quelques articles qu'on trouvera réunis dans mes deux volumes de *Mélanges* (1), le livre si remarquable d'un jeune juriste mort trop tôt pour avoir donné toute sa mesure, M. Jean CRUET, *la Vie du droit*.

Il faudrait signaler aussi dans un ordre d'idées qui se rapproche de celui de la théorie générale du droit, mais où le point de vue juridique reste prépondérant, les travaux si considérables de droit comparé qui ont vu le jour en France sous l'impulsion de notre *Société de législation comparée*. On les trouvera dans l'*Annuaire de la législation étrangère*, dans le *Bulletin de la Société de législation comparée* et dans les *Procès-verbaux des séances et documents du Congrès international de droit comparé*, tenu à Paris du 31 juillet au 4 août 1900.

XVIII — HISTOIRE DU DROIT

L'histoire du droit a pris dans le siècle dernier un tel essor qu'on peut dire que partout, en France comme ailleurs, elle a complètement renouvelé les objets auxquels elle s'est appliquée. Dans aucune autre branche des sciences morales et politiques on n'est arrivé peut-être à une maîtrise de méthode aussi grande. Or, la méthode c'est l'instrument indispensable et sûr, car dès qu'on le possède on est certain du résultat.

---

(1) Parmi les articles recueillis dans ces deux volumes on trouvera : Le Droit public, sa conception, sa méthode; — La Séparation des pouvoirs et la justice en France et aux États-Unis; — Les Garanties de la liberté individuelle; — La Théorie de la personnalité morale; — Un Cours de théorie générale du droit; — La Question des fondations; — La Réforme des lois sur les aliénés; — La Poursuite des crimes et délits par les associations; — Les Syndicats de fonctionnaires; — La Recevabilité en justice des syndicats professionnels, etc., etc.

Nos historiens du droit, marchant sur la trace de leurs illustres aînés, les grands initiateurs des XVIe et XVIIe siècles, ont comme eux procédé par publications critiques de textes, par monographies, par ouvrages généraux et d'ensemble.

L'édition de la *Loi Salique* de PARDESSUS reste comme un modèle difficile à atteindre de belle et grande érudition. A côté de son nom, citons ceux des BEUGNOT, des GIRAUD, des DARESTE, des LABOULAYE, et plus récemment ceux de PLANIOL, du regretté bibliothécaire de la Faculté de droit de Paris, P. VIOLLET, dont l'édition critique des *Établissements de Saint-Louis* a modifié complètement les idées qu'on se faisait jusqu'alors de la nature de cette œuvre. Il ne m'est pas possible de citer ici tout ce qui a été fait dans cet ordre d'idées. Je signalerai cependant le catalogue commencé des ordonnances rendues sous François Ier, préparation de leur publication, destinée à faire suite à la grande collection restée inachevée des *Ordonnances des rois de France de la troisième race.*

Les monographies ou histoires du droit et des institutions régionales ou locales sont innombrables. Chaque ancienne province a sa Revue régionale, ses érudits locaux, et la bibliographie de tous ces travaux, de valeur inégale, remplirait de nombreux volumes. Nous ne nous y arrêterons pas.

Mais nous devons marquer plus fortement la véritable renaissance qui s'est produite dans l'histoire des institutions et du droit de la France dans ces vingt ou trente dernières années.

Des livres de premier ordre, d'une érudition claire et bien française, d'une belle ordonnance, ont été publiés par FUSTEL DE COULANGES, LUCHAIRE, M. ESMEIN, P. VIOLLET, FLACH, M. BRISSAUD, GLASSON, Dareste, CHÉNON, Ch. LEFEBVRE, d'autres encore!

On peut dire qu'ils ont, en grande partie, renouvelé la plupart des solutions données aux grands problèmes du développement de nos institutions politiques et de notre droit.

XIX. — DROIT ROMAIN

L'École historique juridique ne s'en est pas tenue là. Abordant l'étude du droit romain, resté longtemps indécise dans sa méthode, par le côté historique, qui y est devenu prédominant, laissant la formation juridique des esprits à l'étude du droit civil, n'envisageant principalement que l'évolution des idées juridiques, concourant au développement social et politique du peuple le mieux doué pour le droit qui ait paru sur la scène du monde, les ORTOLAN, les P. GIDE, les GÉRARDIN, les GIRARD, les CUQ, les APPLETON, les AUDIBERT, les MAY, les JOBBÉ-DUVAL, les DESSERTAUX, les HUVELIN, les COLLINET, et je ne les nomme pas tous, ont, soit dans des traités généraux, soit dans des monographies, donné la mesure de ce que valent l'érudition et la clarté françaises quand elles s'attaquent à ces problèmes des origines.

On ne peut pas demander à la science française qui a brillé aux XVIe, XVIIe et XVIIIe siècles, comme nous l'avons vu, d'un éclat incomparable dans l'étude du droit romain, d'y avoir consacré, au XIXe, autant de forces que les peuples chez lesquels ce droit restait appliqué. Le droit romain n'étant pas en usage, tout l'effort des jurisconsultes s'est porté sur le droit nouveau du Consulat et de l'Empire, sur le droit civil.

Mais le jour où la méthode historique a définitivement triomphé, et malgré le caractère désormais désintéressé de ces études, des œuvres de premier ordre, traduites dans plusieurs langues, ont vite apparu.

Et ce n'est pas au droit romain privé et classique que s'est limitée la science française. Les travaux sur le *droit byzantin* de M. MONNIER, les thèses qu'il a inspirées, montrent le réveil des études, de la grande érudition française dans un ordre d'idées où elle avait de si belles traditions.

XX. — DROIT CANONIQUE *

C'est enfin le *droit canonique*, lui aussi, qui, sous l'énergique impulsion des ESMEIN. des Paul FOURNIER, sort de sa casuistique et de sa dogmatique pratiques, pour rentrer dans le grand courant des recherches historiques. Il y a là une jeune École dont les premiers travaux ont été des coups de maître, et qui va se développer rapidement.

Il est bien inutile de rappeler qu'il n'y a pas une seule branche du droit, qu'il n'y a aucune institution dont il ne soit indispensable de connaître l'histoire approfondie et détaillée, si on ne veut pas s'exposer, en légiférant les yeux fermés, à aller au rebours de leur développement normal.

Je signale, en terminant ce court exposé de l'histoire appliquée au droit et aux institutions, la création récente de la *Société d'histoire du droit et des institutions*, appelée à rendre les plus grands services à côté des sociétés déjà existantes.

XXI. — RÉPERTOIRES, RECUEILS, REVUES, JOURNAUX JUDICIAIRES, SOCIÉTÉS JURIDIQUES, TRAVAUX D'UNIVERSITÉ

Nous croyons devoir terminer cet exposé d'histoire bibliographique par quelques renseignements sur les *Répertoires*, les *Recueils d'arrêts*, les *Revues*, et aussi par la description du travail scientifique collectif tel qu'il se poursuit dans les Sociétés d'études et dans les Universités.

1° *Recueils de documents législatifs*. Les recueils où prennent place les travaux des Chambres et les actes du Gouvernement sont officiels ou privés.

Le recueil officiel des lois est le *Bulletin des lois*, créé par la Convention, le 14 frimaire an II (4 décembre 1793). Il y a habituellement deux volumes par an. Les lois antérieures ont été réimprimées, en 1806, sous le titre de *Lois et actes du Gouvernement depuis le mois d'août 1789 jusqu'au 18 prairial an II*.

Un recueil privé, très complet et très répandu, est celui de DUVERGIER : *Collection complète des lois, décrets, ordonnances, depuis 1788*.

Enfin, chacun des grands *Recueil d'arrêts* (Sirey, Dalloz, Pandectes), publie aussi une partie spéciale, consacrée à la reproduction des lois d'intérêt général les plus importantes.

Elles y sont insérées avec des annotations qui en forment un commentaire précieux.

Depuis 1882, la Société de législation comparée publie un *Annuaire de législation française*, qui renferme les principales lois, avec notices et annotations.

Les lois étrangères des principaux pays sont traduites et annotées dans le vaste recueil publié par la Société de législation comparée depuis 1871 et qui forme un volume par an sous le titre d'*Annuaire de législation étrangère*.

Le *Comité de législation étrangère et de droit international*, constitué au ministère de la Justice, publie des traductions des principaux codes étrangers.

Les débats des Chambres politiques et les rapports qui les précèdent sont reproduits dans le *Journal officiel* et dans les *Annales de la Chambre des députés et du Sénat*. Ce sont des collections très volumineuses mais indispensables à qui veut suivre le mouvement législatif et politique. Les *Archives parlementaires*, en cours de publication, reproduisent les débats des Chambres depuis 1789 jusqu'à 1870 où commencent la publication du *Journal officiel* et des *Annales*.

On ne trouve dans les recueils abrégés, qu'on appelle *Codes* et *Lois usuelles* (portant le nom de l'éditeur : Tripier, Dalloz, Rivière, Carpentier, etc.), que les lois les plus importantes et seulement celles qui sont en vigueur.

2° *Recueils de jurisprudence.* Les arrêts des Cours d'appel, de la Cour de cassation, du Conseil d'État, du Tribunal des conflits, sont publiés dans des recueils qui s'appellent : *Recueil général des lois et des arrêts* (SIREY), *Jurisprudence générale* (DALLOZ), *Pandectes françaises, Jurisprudence du Conseil d'État statuant au contentieux et du Tribunal des conflits* (LEBON), *Bulletin des arrêts de la Cour de cassation* qui comprend deux parties : les arrêts de la Chambre civile et les arrêts de la Chambre criminelle.

On trouvera de très curieux détails sur les recueils d'arrêts dans le travail de M. MEYNIAL sur les recueils d'arrêts et les arrêtistes, inséré dans le Livre du Centenaire du Code civil. On y verra notamment l'importance qu'ont prise

dans certains de ces recueils (Sirey, Dalloz) les annotations
des arrêts qui sont devenues de véritables dissertations,
les plus importantes peut-être de celles qui paraissent sur
les matières du droit privé et public. L'initiateur de cette
école nouvelle des arrêtistes est un professeur de la Faculté
de droit de Paris, M. J.-E. LABBÉ.

Il faut mentionner à côté de ces recueils mensuels ou
bimensuels les journaux judiciaires proprements dits, quo-
tidiens, où les arrêts les plus récents se trouvent reproduits. Il y en a quatre principaux : la *Gazette des Tribunaux*, le *Droit*, la *Loi*, la *Gazette du Palais et du Notariat*.
Ils renferment aussi parfois de bons articles de doctrine.

3° *Les Revues.* — Il existe des Revues fort nombreuses, les
unes, les plus anciennes, consacrées à toutes les branches
du droit, les autres les plus nombreuses et les plus nouvelles, spécialisées dans une partie plus ou moins large de
la science juridique ou politique.

Les Revues générales, où paraissent des articles sur toutes
les branches du Droit, sont : la *Revue critique de législation et
de jurisprudence*, la *Revue générale de droit et de législation*, le
Bulletin de la Société de législation comparée, le *Bulletin de la
Société d'études législatives*.

Au nombre des Revues spéciales il faut citer la *Nouvelle
Revue historique de droit français et étranger*, qui publie des·
études d'histoire du droit français et étranger, de droit
romain, de droit byzantin, etc.; la *Revue du droit public et
de la science politique en France et à l'étranger*, la *Revue générale du droit international public*, le *Journal du droit international privé*, la *Revue de droit international privé et pénal;* les
Annales des sciences politiques, la *Revue trimestrielle de droit
civil*, la *Revue politique et parlementaire*, la *Revue pénitentiaire et de droit pénal*, la *Revue de droit maritime*.

Les revues littéraires comme la *Revue des Deux-Mondes*,
le *Correspondant*, la *Revue de Paris*, renferment aussi des
articles sur les questions de législation générale, de science
politique, de philosophie du droit;

4° *Les Sociétés scientifiques.* — Il s'est fondé des associations pour l'étude en commun et la discussion des questions

juridiques et de science politique, la plupart possédant un
Bulletin qui reproduit ces discussions.

Au premier rang, il faut nommer la *Société de législation
comparée*, la *Société générale des prisons* dont la *Revue pénitentiaire et de droit pénal* publie les travaux, la *Société d'études
législatives*.

L'*Association internationale pour la protection légale des travailleurs* publie des brochures, des ouvrages sur l'objet de
ses études.

La *Société d'histoire du droit* vient de se constituer et n'a
publié encore aucun travail.

N'oublions pas la plus ancienne de ces sociétés scientifiques qui consacrent leurs efforts à l'étude des problèmes
législatifs et juridiques, l'*Académie de législation* de Toulouse
dont l'organe, le *Recueil de législation* de Toulouse, renferme,
outre le compte rendu de ses séances et de ses concours,
des articles souvent remarquables. L'Académie de législation de Toulouse constitue un exemple de décentralisation
scientifique d'autant plus intéressant qu'il remonte fort
haut.

Ai-je besoin d'ajouter que l'*Académie des sciences morales
et politiques* renferme une section de législation, qu'elle
institue des discussions, qu'elle entend des lectures sur
tout ce qui touche au droit public et privé?

5° *Les Travaux des Universités et des Écoles supérieures.* —
Parmi les travaux les plus importants de la science juridique et politique, particulièrement dans leurs branches
les plus nouvelles (législation industrielle, droit international, législation coloniale, droit public), il faut compter
les publications des Universités.

a) *Les Thèses de doctorat en droit* constituent, en particulier, depuis surtout que l'unité du sujet de thèse a été
introduite dans leur organisation, une des sources les plus
abondantes de la littérature du droit et des sciences politiques.

Sans doute, il y a, dans le nombre énorme de celles qui
sont subies annuellement dans certaines Facultés, des travaux d'inégale valeur, mais il y a tous les ans, à la Faculté

de droit de Paris, notamment, un concours entre les meilleures thèses de doctorat qui en fait distinguer un assez grand nombre de tout à fait remarquables. Le catalogue de celles qui ont été récompensées par des prix et par des mentions depuis l'année 1878, où ces récompenses ont été instituées, renferme sur tous les sujets des travaux du plus haut mérite.

b) *Concours de mémoires.* — Certaines Facultés de droit ont institué aussi des concours sur des sujets proposés par elles d'où sortent des *mémoires* qui souvent constituent, sur le sujet traité, des livres tout à fait hors de pair.

La Faculté de droit de Paris a deux sortes de concours.

Un concours, réservé aux candidats au doctorat et aux docteurs nouvellement promus, et un concours plus largement ouvert, auquel peuvent prendre part même les professeurs des Facultés des départements et qui n'est fermé qu'aux membres mêmes de l'enseignement de la Faculté de droit de Paris.

Le premier de ces concours, dont l'institution remonte à 1840, a produit un très grand nombre d'œuvres dont certaines sont classiques.

Le second, qui a été établi en 1880, grâce à une libéralité de Mme la comtesse ROSSI, veuve de l'ancien et illustre professeur de l'École, a déjà, sur la *législation civile* et sur le *droit constitutionnel*, où doivent être pris les sujets proposés aux concurrents, réuni des travaux dont il suffit de citer quelques-uns pour montrer le niveau qu'ils atteignent. Les *Droits des Chambres hautes en matière de lois de finances*, par M. Morizot-Thibault, aujourd'hui membre de l'Institut; la *Revision des constitutions*, par M. Ch. Borgeaud, aujourd'hui professeur à l'Université de Genève; les *Hautes cours politiques*, par M. Lair; la *Tierce opposition*, par M. Tissier, aujourd'hui professeur à la Faculté de droit de Paris; trois mémoires sur le droit constitutionnel de M. Barthélemy, aujourd'hui agrégé à la Faculté de droit de Paris, cités plus haut, attestent, par le nom même des lauréats, le haut rang de ces récompenses.

c) *Les Universités ou les Facultés* ont créé quelquefois des publications soit périodiques, soit paraissant à des intervalles irréguliers, qui renferment des travaux de maîtres et d'étudiants particulièrement importants. Ce sont en général des œuvres de longue haleine, plutôt que des articles analogues à ceux qu'on trouve dans les *Revues*, quelquefois de véritables livres.

Parmi ces recueils, nous citerons la *Revue bourguignonne*, publiée par l'Université de Dijon; les *Travaux juridiques et économiques de l'Université de Rennes*, les *Travaux de la Conférence de droit pénal de la Faculté de droit de Paris*, les *Annales de l'Université de Grenoble*, etc.

XXII. — CONCLUSION

Il est temps de clore ce trop long exposé de la contribution que la législation française, la jurisprudence française, la science juridique et politique françaises ont apportée à l'élaboration du droit, à la formation des doctrines politiques et juridiques, qui sont le patrimoine commun des peuples civilisés.

Cette conclusion sera brève. Quelle que soit l'importance de la part qu'ils ont prise à ce mouvement, depuis les temps les plus reculés jusqu'à la période la plus moderne, ni le peuple français, ni les écrivains politiques français, ni les juristes français, ne revendiquent pour eux seuls le monopole des idées qui ont pu servir, ici et là, la cause de la vérité, de la justice, du respect du droit, qui ont pu pousser, soit à l'amélioration du sort de la créature humaine et au relèvement de sa dignité, but suprême de la civilisation, soit au perfectionnement des institutions politiques, qui y touchent de si près. Nous avons suivi notre voie, tracé quelquefois la voie à d'autres, mais sans avoir jamais donné pour fin à notre action un profit quelconque. Nous avons aussi quelquefois emprunté à d'autres.

A cette œuvre de perfectionnement indéfini nous estimons que toutes les nations doivent concourir, en se prêtant un mutuel appui, et quelque grande que soit la part de la France, nous n'entendons revendiquer aucune prééminence. Nous désirons rendre justice à chacun, aux petits peuples comme aux grands. Que ce soit tel ou tel peuple par sa législation, telle ou telle nationalité par ses penseurs, à qui l'humanité est redevable de ses progrès, nous nous en réjouissons, même lorsque ce peuple, cette nationalité ne sont pas la France. Une hégémonie intellectuelle ou morale serait aussi odieuse qu'une hégémonie matérielle dans le concert des nations qui doit rester libre pour être fécond.

F. LARNAUDE.

BIBLIOGRAPHIE

LE DROIT ET LA SCIENCE POLITIQUE AVANT 1789

I. — LES GRANDS JURISCONSULTES ET LA SCIENCE JURIDIQUE

CUJAS (1522-1590). — *Jacobi Cujacii opera omnia...*, 10 vol. in-fol. Lutetiæ Parisiorum, 1568.

DONEAU (1527-1591). — *Hug. Donelli opera*, 12 vol. in-fol. Lucœ, 1762-1763.

DUMOULIN (1500-1566). — *Caroli Molinæi opera quæ exstant omnia*, 5 vol. in-fol. Parisiis, Pinson, 1681.

D'ARGENTRÉ (1519-1590). — *Commentarii in patrias Britonum leges*. Parisiis, 1608.

AYRAULT (1536-1601). — *De l'Ordre, formalité et instruction judiciaire dont les anciens Grecs et Romains ont usé, ès accusations publiques, conféré au style et usage de notre France*, in-4°. Angers, 1591.

◊ ◊ ◊

J. GODEFROY (1587-1652). — *Codex Theodosianus cum perpetuis commentariis J. Gothofredi*, éd. Ritter, 6 vol. in-fol. Lipsiœ, 1736-1743.

DOMAT (1625-1696). — *Les Lois civiles dans leur ordre naturel*, in-fol. Paris, 1777.

POTHIER (1699-1792). — *Œuvres annotées et mises en corrélation avec le code civil et la législation actuelle*, 10 vol. in-8°, éd. Bugnet. Paris, 1845-1848. Table générale, par Jean Sirey, 1 vol.

BOULLENOIS (1680-1762). — *Dissertation sur les questions qui naissent de la contrariété des lois et des coutumes*, in-4°. Paris, 1732. Réimprimé sous ce titre : *Traité de la personnalité et de la réalité des lois coutumes ou statuts*, 2 vol. in-4°. Paris, 1766.

II. — LES PUBLICISTES ET LA SCIENCE POLITIQUE

J. BODIN (1520-1596). — *Les Six livres de la République*, in-8°. Paris, 1576.

MONTESQUIEU (1689-1755). — *L'Esprit des lois*, 2 vol. in-4°. Genève, 1748.

— *Œuvres complètes*, éd. Laboulaye, 7 vol. in-8°. Paris, Garnier, 1879.

VOLTAIRE. — *Commentaire sur le livre des Délits et des Peines*, in-8°, s. l. (Genève), 1766.
— *Œuvres complètes*, éd. de Kehl, 70 vol. in-8°. 1784-1789.

ROUSSEAU (1712-1778). — **Du Contrat social*, in-12. Amsterdam, [1762]; éd. Dreyfus-Brisac, in-8°. Paris, 1896.

MABLY (1709-1785). — *Œuvres complètes*, 15 vol. in-8°. Paris, 1794-1795.

PHYSIOCRATES (XVIIIe siècle). — Les *Œuvres* des Physiocrates ont été publiées par Daire (1846) Cf. aussi les éditions publiées par la *Revue de l'histoire des doctrines économiques*, sous la direction de M. Deschamps.

LE DROIT ET LA SCIENCE POLITIQUE DEPUIS 1789

DROIT PUBLIC ET SCIENCE POLITIQUE

B. CONSTANT (1767-1830). — *Cours de politique constitutionnelle ou collection des ouvrages sur le gouvernement représentatif avec une introduction et des notes par Laboulaye*, 2 vol. in-8°. Paris, Guillaumin, 1861.

CHATEAUBRIAND (1768-1848). — *De la Monarchie selon la Charte*, in-8°. Paris, Lenormand, 1816.

ROYER-COLLARD (1763-1845). — *La Vie politique de M. Royer-Collard, ses discours et ses écrits par le baron de Barante*, 2 vol. in-8°. Paris, Didier, 1861.

GUIZOT. — *Histoire du gouvernement représentatif*, 2 vol. in-8°. Paris, 1821-1822.

DUVERGIER DE HAURANNE. — *Histoire du gouvernement parlementaire en France (1814-1848)*, précédée d'une introduction,
10 vol. in-8°. Paris, Michel Lévy, 1871.

P. ROSSI. — *Cours de droit constitutionnel professé à la Faculté de
droit de Paris*, 4 vol. in-8°. Paris, Guillaumin, 1866.

A. DE TOCQUEVILLE. — *La Démocratie en Amérique*, 2 vol.
in-8°. Paris, Gosselin, 1835.
— *Œuvres complètes*, 9 vol. in-8°. Paris, Lévy, 1860-1865.

LABOULAYE. — *Histoire politique des États-Unis*, 3 vol. in-8°.
Paris, Charpentier, 1855-1866.
— *L'État et ses limites*, in-8°. Paris, Charpentier, 1863.
— *Questions constitutionnelles*, in-18. Paris, Charpentier, 1872.

DUPONT-WHITE. — *L'Individu et l'État*, in-8°. Paris, Guillaumin,
1856.
— *La Centralisation*, in-8°. Paris, Guillaumin, 1860.

J. SIMON. — *La Liberté*, 2 vol. in-8°. Paris, Hachette, 1859.

PRÉVOST-PARADOL. — *La France nouvelle*, in-12. Paris, Lévy
frères, 1868.

V. DE BROGLIE. — *Vues sur le gouvernement de la France*,
in-8°. Paris, Lévy frères, 1870.

BOUTMY. — **Études de droit constitutionnel* [1885], 6e éd. in-18.
Paris, Colin, 1913.
— **La Société politique en Angleterre* [1887], 6e éd. in-12. Paris,
Colin, 1912.
— **Essai d'une psychologie politique du peuple anglais au
XIXe siècle* [1901], 3e éd. in-18. Paris, Colin, 1909.
— **Éléments d'une psychologie politique du peuple américain*
[1902], 3e éd. in-18. Paris, Colin, 1911.
— **Études politiques*, in-12. Paris, Colin, 1907.

Charles BENOIST. — *La Crise de l'État moderne*, in-8°. Paris,
Firmin Didot.

Henry MICHEL. — *L'Idée de l'État*, in-8°. Paris, Hachette, 1896.

ESMEIN. — **Éléments de droit constitutionnel français et comparé*, 6e édition publiée par J. Barthélemy, in-8°. Paris,
Tenin, 1914.

DUGUIT. — *Traité de droit constitutionnel*, 2 vol. in-8°. Paris,
Fontemoing, 1911.

Eugène Pierre. —. *Traité de droit politique, électoral et parlementaire*, 2ᵉ éd. Paris, Librairies-Imprimeries réunies, 1902.
Supplément, 1 vol. 1910.

DROIT ADMINISTRATIF

Macarel. — *Des Tribunaux administratifs*, in-8°. Paris, 1818.

De Cormenin (pseudonyme : Timon). — *Questions de droit
administratif*, 2 vol. in-8°. Paris, 1822. Nouvelle édition parue
sous le titre de : *Droit administratif*. Paris, 1840.

De Gérando. — *Institutes de droit administratif français*, 4 vol.
in-8°. Paris, 1829.

Serrigny. — *Traité du droit public des Français*, 2 vol. in-8°.
Dijon et Paris, Joubert, 1845.
— *Traité de l'organisation, de la compétence et de la procédure
en matières contentieuses et administratives*, 3 vol. in-8°. Dijon
et Paris, Durand, 1865.

Vivien. — *Études administratives*, in-8°, 1846; 2ᵉ éd., 2 vol.
in-12. Paris, Guillaumin, 1852.

E. Laferrière. — *Traité de la juridiction administrative et des
recours contentieux* [1887-1888], 2° éd., 2 vol. in-8°. Paris,
Berger-Levrault, 1896.

Batbie. — *Traité théorique et pratique de droit public et administratif* [1862-1868], 2ᵉ éd., 9 vol. in-8°. Paris, 1885-1893.

Ducrocq. — *Cours de droit administratif* [1862], 7ᵉ éd. publiée
avec la collaboration de MM. Petit et Barrilleau, 7 vol. in-8°.
Paris, Fontemoing, 1899-1905.

Dufour. — *Traité général de droit administratif appliqué*, 3ᵉ éd.,
8 vol. in-8°. Paris, Delamotte, 1869-1870, avec un supplément
par Taudière, 4 vol. in-8°, Marchal et Godde.

Aucoc. — *Conférences sur l'administration et le droit administratif faites à l'École des ponts et chaussées*, 3 vol. in-8°. Paris,
Dunod, 1869-1870.

Jacquelin. — *Les Principes dominants du contentieux administratif*, in-12. Paris, Giard et Brière, 1898.

Hauriou. — **Précis de droit administratif, et de droit public*
[1891], 8ᵉ éd. in-8°. Paris, Larose, 1914.

H. Berthélemy. — **Traité élémentaire de droit administratif*
[1900], 7ᵉ éd. Paris, Rousseau, 1913.

MOREAU. — *Le Règlement administratif.* Paris, Fontemoing, 1902.

ARTUR. — *De la Séparation des pouvoirs et de la séparation des fonctions de juger et d'administrer,* in-8°. Paris, Pichon et Durand, 1904-1905.

JÈZE. — *Les Principes généraux du droit administratif* [1904], 2ᵉ éd. in-8°. Paris, Berger-Levrault, 1914.

P. DARESTE. — *Des Voies de recours contre les actes de la puissance publique,* in-8°. Paris, Challamel, 1914.

DROIT CRIMINEL

CHAUVEAU et Faustin HÉLIE. — *Théorie du Code pénal* [1834]. Nouvelle édition en 7 vol. publiée par Villey et Mesnard. Paris, 1888-1898.

Faustin HÉLIE. — *Traité de l'instruction criminelle* [1845], 2ᵉ éd., 8 vol. in-8°. Paris, 1866-1867.

ESMEIN. — *Histoire de la procédure criminelle en France,* in-8°. Paris, Larose et Forcel, 1882.

GARRAUD. — *Traité de droit pénal français,* 6 vol. in-8°. Paris, Larose, 1888-1894.

— *Traité théorique et pratique de procédure pénale,* 3 vol. in-8° parus depuis 1906. Paris, Charles Lavauzelle.

GARÇON. — *Code pénal annoté.* En cours de publication depuis 1901, in-8°. Paris, Larose et Tenin.

SALEILLES. — *L'Individualisation de la peine* [1898], 2ᵉ éd., in-8°. Paris, Alcan, 1898.

A. LE POITTEVIN. — *Les Demandes en révision des procès criminels et correctionnels,* in-8°. Paris, Marchal et Godde, 1895.

— *L'Indemnité due aux victimes d'erreurs judiciaires,* in-8°. Paris, Marchal et Godde, 1895.

— *La Défense dans l'instruction préparatoire,* in-8°. Paris, Marchal et Godde, 1898.

— *L'Extradition des nationaux,* in-8°. Paris, Marchal et Godde, 1903.

CUCHE. — *Traité de science et de législation pénitentiaires,* 1 vol. in-8°. Paris, Pichon et Durand-Auzias, 1905.

VIDAL. — *Cours de droit criminel et de science pénitentiaire,* 4ᵉ éd. Paris, Pichon et Durand-Auzias, 1911.

DROIT INTERNATIONAL PUBLIC

Billot. — *L'Extradition*, in-8º. Paris, Plon, 1874.

Louis Renault. — *Introduction à l'étude du droit international*, in-8º. Paris, Larose, 1879.

— *Les Conventions de La Haye (1896-1902) sur le droit international privé*. Paris, Larose, 1902.

— *Les Deux conférences de la paix, 1899-1907. Recueils des textes arrêtés... et de différents documents*, avec un avant-propos. Paris, Rousseau, 1909.

Louis Renault et Descamps. — *Recueil international des traités du XXᵉ siècle*. En cours de publication depuis 1904, 6 vol. gr. in-8º parus. Paris, Rousseau.

— *Recueil général des traités du XIXᵉ siècle*, t. I. Paris, Rousseau, 1914.

Pradier-Fodéré. — *Traité de droit international public européen et américain*, 8 vol. in-8º. Paris, Pédone, 1884-1906.

Pillet. — *Le Droit de la guerre*, 2 vol. in-8º. Paris, Rousseau, 1892-1894.

Piédelièvre. — *Précis de droit international public ou droit des gens*, 2 vol. in-8º. Paris, Pichon, 1894-1895.

Despagnet. — *Cours de droit international public* [1894], 4º éd. publiée par de Bœck, in-8º. Paris, Larose, 1894.

Rouard de Card. — *L'Arbitrage international*, in-8º. Paris, 1879.

Merignhac. — *Traité théorique et pratique de l'arbitrage international*, in-8º. Paris, Larose, 1895.

Dupuis. — *Le Droit de la guerre maritime d'après les doctrines anglaises contemporaines*, in-8º. Paris, Pédone, 1899.

— *Le Droit de la guerre maritime d'après les conférences de la Haye et de Londres*, in-8º. Paris, Pédone, 1911.

Pélissier du Rausas. — *Le Régime des capitulations dans l'Empire ottoman*, 2 vol. in-8º. Paris, Rousseau, 1901-1905.

A.-G. de Lapradelle et Politis. — *Recueil des arbitrages internationaux*, in-8º. Paris, Pédone, 1905.

Bonfils et Fauchille. — *Manuel de droit international public*, in-8º. Paris, Rousseau, 1914.

De Clercq. — *Recueil des traités de la France*, 22 vol. in-8º parus en 1912. Paris, Pédone.

DROIT CIVIL

PROUDHON. — *Traité de l'état des personnes* [1810], 3ᵉ éd. publiée par Valette, 3 vol. in-8°. 1848.

TOULLIER. — *Droit civil français suivant l'ordre des Codes* [1811-1831], 6ᵒ éd., 14 vol. in-8°. Paris, Cotillon, 1846-1848.

TROPLONG. — *Le Droit civil expliqué suivant l'ordre des articles du Code*, 27 vol. in-8°. Paris, 1833.

AUBRY et RAU. — **Cours de droit civil français, d'après la méthode de Zachariae* [1839-1846]; 4ᵉ éd. 1869-1878, 8 vol. Une nouvelle édition publiée par Rau, Falcimaigne, Gault, Bartin, est actuellement en cours de publication et comprendra 10 volumes.

MARCADÉ et P. PONT. — *Explication théorique et pratique du Code Napoléon*, publiée d'abord sous le titre suivant : *Éléments de droit civil français* [1842], 7ᵉ éd., 13 vol. in-8°. 1872-1884.

DEMOLOMBE. — *Cours de Code Napoléon*, 32 vol. in-8°. Paris, 1845-1882.

GUILLOUARD. — *Traités* sur les différents titres du Code civil et faisant suite à ceux qui composent l'œuvre de Demolombe, 16 vol. in-8°.

VALETTE. — *Traité des hypothèques*, 1846.
— *Cours de Code civil*, in-12. Germer-Baillière, 1872.

DEMANTE et COLMET DE SANTERRE. — *Cours analytique du Code civil*, 9 vol. in-8°. 1849-1884.

LAROMBIÈRE. — *Théorie et pratique des obligations*, 5 vol. in-8°. Paris, Durand, 1857-1858.

BAUDRY-LACANTINERIE. — *Traité théorique et pratique de droit civil*, publié avec la collaboration de Barde, M. Colin, de Loynes, Wahl, Tissier, Houques-Fourcade, Bonnecarrère, Chénaux, Le Courtois, Surville et Saignat, 29 vol. in-8°. Paris, Larose, 1894-1905.

HUC. — *Commentaire théorique et pratique du Code civil*, 15 vol. in-8°. Paris, Pichon, 1892-1903.

SALEILLES. — *Essai d'une théorie générale de l'obligation d'après le projet de Code civil allemand*, in-8°. Paris, Pichon, 1890.
— *De la Déclaration de volonté*, in-8°. Paris, Pichon, 1901.

Ch. BEUDANT. — *Cours de droit civil français*, publié par M. R. Beudant, 6 vol. in-8° parus. Paris, Rousseau, 1896-1903.

PLANIOL. — *Traité élémentaire de droit civil*, Paris, 1900-1901. Une 6e édition, comprenant 3 volumes, est en cours de publication.

BUFNOIR. — *Propriété et contrat*, in-8o. Paris, Rousseau, 1900.

Ch. MASSIGLI. — *Institution et fonctionnement des livres fonciers en ce qui concerne les droits réels et immobiliers autres que les privilèges et hypothèques.* Paris, 1905, in-fol., Imprimerie Nationale.

CAPITANT et COLIN. — *Cours élémentaire de droit civil français.* En cours de publication, gr. in-8o, 2 vol. in-8o parus. Paris, Dalloz, 1914-1915.

Le Code civil. Livre du centenaire, 2 vol. in-8o. Paris, Rousseau, 1904.

DROIT COMMERCIAL FT MARITIME

PARDESSUS. — *Collection des lois maritimes antérieures au XVIIIe siècle,* 6 vol. in-4o. Imprimerie Royale, 1828-1845.

— *Us et coutumes de la mer ou collection des usages maritimes des peuples de l'antiquité et du moyen âge,* 2 vol. in-4o. Paris, ibid., 1847.

BRAVARD-VEYRIÈRES et DEMANGEAT. — *Traité de droit commercial* [1861], 2e éd., 6 vol. in-8o. Paris, 1888-1892.

CRESP. — *Cours de droit maritime annoté par* LAURIN, 4 vol. in-8o. Paris, Chevalier-Marescq, 1876-1882.

DESJARDINS. — *Traité de droit commercial maritime,* 9 vol. in-8o. Paris, Pédone, 1878-1890.

DE VALROGER. — *Commentaire théorique et pratique du livre II du Code de commerce,* 5 vol. in-8o. Paris, Larose et Forcel, 1882-1886.

DANJON. — *Traité de droit maritime.* En cours de publication, 4 vol. parus de 1910 à 1914.

ARTHUYS. — *Traité des sociétés commerciales,* 3 vol. in-8o. Larose et Tenin, 1906-1911.

Ch. LYON-CAEN et RENAULT. — *Traité de droit commercial,* 10 vol. in-8o. Paris, Librairie gén. de droit, 1906-1907.

THALLER. — *Traité général de droit commercial,* publié avec la collaboration de MM. Pic, Josserand, Percerou, Ripert, etc., 9 vol. parus. Paris, Rousseau, 1908-1914.

LACOUR. — *Précis de droit commercial,* in-8o. Paris, Dalloz, 1912.

HÉMARD. — *Théorie et pratique de la nullité des sociétés et des sociétés de fait*, in-8º. Paris, Dalloz, 1912.

DROIT INTERNATIONAL PRIVÉ

PILLET. — *Droit international privé*, in-8º. Paris, Pédone, 1903.

LAINÉ. — *Introduction au droit international privé*, 2 vol. in-8º. Paris, Pichon, 1888-1892.

SURVILLE et ARTHUYS. — *Cours élémentaire de droit international privé*, in-8º. Paris, Rousseau, 1900.

A. WEISS. — **Traité théorique et pratique de droit international privé*, 5 vol. in-8º. Paris, Larose, 1907.

DESPAGNET. — *Précis de droit international privé*, 5e éd. publiée par de Boeck, in-8º. Paris, Larose et Tenin, 1909.

AUDINET. — *Principes élémentaires de droit international privé*, Paris, 1906.

VALÉRY. — *Manuel de droit international privé*, in-16. Paris, Fontemoing, 1909.

LÉGISLATION INDUSTRIELLE

SAUZET. — *La Responsabilité des patrons vis-à-vis des ouvriers dans les accidents industriels*, in-8º. Paris, Pichon, 1883.

PIC. — *Traité élémentaire de législation industrielle. — Les Lois ouvrières* [1894], 4e éd., in-8º. Paris, Rousseau, 1913.

— **La Protection légale des travailleurs et le droit international ouvrier*, in-16. Paris, Alcan, 1909.

CABOUAT. — *Traité des accidents du travail*, 2 vol. in-8º. Larose et Tenin, 1901-1907.

— *De l'extension du risque professionnel*, tome I, in-8º. Paris, Larose et Tenin, 1914.

CAPITANT. — *Cours de législation industrielle*, in-8º. Paris, Pédone, 1912.

BELLOM. — *Les Lois d'assurances ouvrières à l'étranger (maladies, accidents, vieillesse)*, 8 vol. in-8º. Paris, Rousseau, 1909.

LOUBAT. — *Traité sur le risque professionnel*, 3e éd., 2 vol. in-8º. Paris, 1906.

RENOUARD. — *Traité des droits d'auteurs*, 2 vol. in-8º, 1838.

POUILLET. — *Traité des brevets d'invention et de la contrefaçon*, in-8º. Paris, Marchal et Godde, 1911.

POUILLET. — *Traité des marques de fabrique et de la concurrence déloyale*, in-8°. Paris, Marchal et Godde, 1912.

— *Traité des dessins et modèles*, in-8°. Paris, Marchal et Godde, 1909.

— *Traité de la propriété littéraire et artistique et du droit de représentation*, in-8°, Paris, Marchal et Godde, 1908 (Éditions refondues et mises au courant par MM. Claro, Taillefer et Maillard).

PILLET. — *Le Régime international de la propriété industrielle*. in-8°, Paris, 1911.

ALLART. — *Traité des brevets d'invention*, in-8°. Paris, 1911.

LÉGISLATION COLONIALE

DISLÈRE. — *Traité de législation coloniale* [1886], 3ᵉ éd., 3 vol. in-8°. 1906-1907. Complété par des suppléments annuels.

GIRAULT. — **Principes de colonisation et de législation coloniale* [1894], 3ᵉ éd., 3 vol. in-12. Paris, Larose et Tenin, 1907-1908.

LARCHER. — *Traité élémentaire de législation algérienne* [1903], 2ᵉ éd., 2 vol. in-8°. Alger, Jourdan, 1911.

BERGE, GRUNEBAUM-BALLIN, DE LAPRADELLE, etc. — **Codes et lois en vigueur dans le protectorat français du Maroc*, t. I, in-8°. Paris, Impr. Nat., 1914.

PROCÉDURE CIVILE

BONCENNE et BOURBEAU. — *Théorie de la procédure civile*, 7 vol. in-8°. Paris, Videcoq, 1837-1863.

BOITARD. — *Leçons de procédure civile* [1837], 15ᵉ éd. publiée par Colmet-Daage et Glasson, 2 vol. in-8°. Paris, 1896.

GARSONNET. — *Traité théorique et pratique de / cédure civile et commerciale* [1882-1896], 3ᵉ éd. publiée par Cézar-Bru, 5 vol. parus de 1912 à 1914.

GLASSON. — **Précis théorique et pratique de procédure civile* [1902], 2ᵉ éd. publiée par A. Tissier, . vol. in-8°. Paris, Pichon, 1908.

PHILOSOPHIE DU DROIT

BÉLIME. — *Philosophie du droit ou Cours d'introduction à l'étude du droit* [1843-1848], 4ᵉ éd., 2 vol. in-8°. Dijon et Paris, Lamarck, 1881.

FRANCK. — *Philosophie du droit pénal*, in-12. Paris, Germer-Baillière, 1864.

— *Philosophie du droit civil*, in-8°. Paris, Alcan, 1886.

BEAUSSIRE. — *Les Principes du droit*, in-8°. Paris, Alcan, 1888.

TISSOT. — *Introduction philosophique à l'étude du droit en général et du droit privé en particulier considéré dans les principes de la raison*, in-8°. Paris, Marescq aîné, 1874.

A. FOUILLÉE. — *L'Idée moderne du droit en Allemagne, en Angleterre et en France*, in-12. Paris, Hachette, 1878.

Ch. BEUDANT. — *Le Droit individuel et l'État*, in-8°. Paris, Rousseau, 1891.

G. RICHARD. — *Essai sur l'origine de l'idée du droit*, in-8°. Paris, Thorin, 1892.

BOISTEL. — *Cours de philosophie du droit*, 2 vol. in-8°. Paris, Fontemoing, 1899.

CHARMONT. — **Le Droit et l'esprit démocratique*, in-8°. Montpellier, Coulet et fils, 1908.

— **La Renaissance du droit naturel*, in-8°. Montpellier, Coulet et fils, 1909.

Jean CRUET. — *La Vie du Droit*, in-18. Paris, Flammarion, 1908.

THÉORIE GÉNÉRALE DU DROIT ET DROIT COMPARÉ

F. LARNAUDE. — **Mélanges de droit public*, 2 vol. in-8°. Paris, 1894-1914.

GÉNY. — *Méthodes d'interprétation et sources en droit privé positif*, in-8°. Paris, Chevalier-Marescq, 1899.

DUGUIT. — *Études de droit public*, 2 vol. in-8°. Paris, Fontemoing, 1901-1903.

LAMBERT. — *Études de droit commun législatif ou de droit civil comparé*, in-8°. Paris, Giard et Brière, 1903.

MICHOUD. — **La Théorie de la personnalité morale*, 2 vol. in-8°. Paris, Pichon et Durand-Auzias, 1905-1909.

HAURIOU. — **Principes du droit public*, in-8°. Paris, Larose et Tenin, 1909.

SALEILLES. — *La Personnalité juridique. Histoire et théories*, in-8°. 1910.

DEMOGUE. — **Les Notions fondamentales du droit privé*, in-8°. Paris, Rousseau, 1911.

CHARMONT. — *Les Transformations du droit civil*, in-12. Paris, Colin, 1912.

THALLER, CAPITANT, TISSIER, MICHOUD, LEPOITTEVIN, GAUDEMET. — *L'Œuvre juridique de Raymond Saleilles*, in-8°. 1914.

Congrès international de droit comparé. Procès-verbaux des séances et documents, 2 vol. in-8°. Paris, Libr. générale, 1905.

HISTOIRE DU DROIT

PARDESSUS. — *Loi salique ou recueil contenant les anciennes rédactions de cette loi*, in-4°. Paris, Durand, 1843.

P. VIOLLET. — *Les Établissements de Saint-Louis*, 4 vol. in-8°. Paris, Loones, 1881-1886.

— *Précis de l'histoire du droit français* [1885]. Nouvelle édition publiée sous le titre : *Histoire du droit civil français,* in-8°. Paris, Larose et Forcel, 1892.

— *Histoire des institutions politiques et administratives de la France*, 3 vol. in-8°. Paris, Larose, 1889-1903.

— *Le Roi et ses ministres pendant les trois derniers siècles de la monarchie*, in-8°. Paris, 1912.

FLACH. — *Les Origines de l'ancienne France, X^e et XIe siècles*, 3 vol. in-8°. Paris, Larose, 1886-1904.

GLASSON. — *Histoire du droit et des institutions de la France*, 8 vol. in-8° (inachevé). Paris, Pichon, 1887-1903.

CHÉNON. — *Étude sur l'histoire des alleux en France*, in-8°. Paris, Larose et Forcel, 1888.

PLANIOL. — *La Très ancienne coutume de Bretagne*, in-8°. Rennes, Plichon et Hervé, 1896.

BRISSAUD. — *Cours d'histoire générale du droit français public et privé*, 2 vol. in-8°. Paris, Fontemoing, 1898-1904.

R. DARESTE. — *Études d'histoire du droit*, 3 vol. in-8°. Paris, Larose, 1902-1908.

Ch. LEFEBVRE. — *Histoire du droit matrimonial français* (en cours de publication), 4 vol. parus. Paris, Larose et Tenin, 1908-1914.

ESMEIN. — *Cours élémentaire d'histoire du droit français* [1891], 11e éd. in-8°. Paris, Larose et Tenin, 1912.

Recueil des ordonnances des rois de France de la troisième race, 21 vol. in-fol., 1728-1847, plus 2 vol. de tables, 1757-1847 et 1 vol. de supplément (par E. DE LAURIÈRE, contin. par l'Académie des inscriptions).

Ordonnances des rois de France. Règne de François Ier. Catalogue des Actes de François Ier, 7 vol. in-4°. Publication commencée en 1902. Paris, Imprimerie Nationale.

DROIT ROMAIN

ORTOLAN. — *Législation romaine. Explication historique des Institutes de Justinien* [1827], 12e éd. revue par LABBÉ, 3 vol. in-8°. 1883.

Paul GIDE. — *Étude sur la condition privée de la femme dans le droit ancien et moderne* [1867], 2e éd. publiée par ESMEIN. Paris, Larose et Forcel, 1885.

— *Étude sur la novation et le transport des créances en droit romain*, in-8°. Paris, Larose et Forcel, 1879.

APPLETON. — *La Propriété prétorienne*, 2 vol. Paris, 1889.

Paul-F. GIRARD. — *Textes de droit romain*, in-12. Paris, Rousseau, 1890.

— *Manuel élémentaire du droit romain*, in-8°. Paris, Rousseau, 1895.

CUQ. — *Les Institutions juridiques des Romains*, 2 vol. in-8°. Paris, Plon et Chevalier-Marescq, 1902-1907.

AUDIBERT. — *Études sur l'histoire du droit romain; la folie, la prodigalité*, in-8°. Paris, Larose et Forcel, 1892.

JOBBÉ-DUVAL. — *Études sur l'histoire de la procédure chez les Romains*, in-8°. Paris, Rousseau, 1896.

GÉRARDIN. — *De la Garantie de la dot en droit romain*, in-8°. Paris, 1896.

— *Étude sur la solidarité*, in-8°. Paris, 1885.

MAY. — *Éléments de droit romain*, in-8°, 10e éd. 1909.

DESSERTEAUX. — *Étude sur la formation historique de la capitis diminutio*, in-8°. Dijon et Paris, 1909.

COLLINET. — *Étude historique sur le droit de Justinien*, t. I, in-8°. Paris, Larose et Tenin, 1912.

HUVELIN. — *Le Furtum*, t. I, in-8°. Paris et Lyon, 1914.

SENN. — *Études sur le droit des obligations*, t. I, in-8°. Paris, 1914.

MONNIER. — *Études sur le droit byzantin* (publiées dans la *Nouvelle Revue historique de droit français et étranger*).

DROIT CANONIQUE

Paul FOURNIER. — *Les Officialités au moyen âge*, in-8º. Paris, Plon, 1880.

ESMEIN. — *Le Mariage en droit canonique*, 2 vol. in-8º. Paris, Larose et Forcel, 1891.

THÈSES DE DOCTORAT

A. GEOUFFRE DE LA PRADELLE. — **Des Fondations. Histoire, jurisprudence, vues théoriques et législatives*. Paris, 1894.

.H. BAILBY. — *De la Responsabilité de l'État envers les particuliers*. Bordeaux, 1901.

G. SCELLE. — **La Traite négrière aux Indes de Castille. Contrats et traités d'assiento*, 2 vol. in-8º. Paris, Larose et Tenin, 1906.

J. ESCARRA. — **Les Fondations en Angleterre*, in-8º, Paris, Rousseau, 1907.

M. DEHESDIN. — **Étude sur le recrutement et l'avancement des magistrats*, in-8º. Paris, Rousseau, 1908.

P. CHASLES. — **Le Parlement russe. Son organisation. Ses rapports avec l'empereur*, in-8º. Paris, 1909.

R. JAPIOT. — **Des Nullités en matière d'actes juridiques*, in-8º. Paris, Rousseau, 1909.

M. SIBERT. — **Étude sur le premier ministre en Angleterre depuis ses origines jusqu'à l'époque contemporaine*, in-8º. Paris, Rousseau, 1909.

P. GEMÄLHING. — **Réglementations syndicales et sous-concurrences ouvrières*, in-8º. Paris, Bloud, 1910.

VOLF. — **Études sur les tendances à la souveraineté des syndicats professionnels*, in-8º. Paris, Larose, 1911.

A. PAULIAN. — **La* Recognizance *dans le droit anglais*. Contribution à l'étude de la liberté individuelle, in-8º. Paris, Didot, 1911.

P. RABATEL. — **Le Parlement de Grenoble et les réformes de Maupeou (1771-1775)*, in-8º. Grenoble, Allègre, 1912.

R. BOVERAT. — **Le Socialisme municipal en Angleterre et ses résultats financiers*, 2e éd., in-8º. Paris, Rousseau, 1912.

H. Guibé. — **Essai sur la navigation aérienne en droit interne et en droit international*, in-8°. Caen, Larnier, 1912.

Ch. Georgin. — *L'Avancement dans les fonctions publiques*, in-8°. Paris, Pichon et Durand-Auzias, 1911.

J. Raiga. — **La Cour d'appel criminel en Angleterre*. in-8°. Paris, Larose et Tenin, 1913.

E. Pépin. — **La Question des étrangers en Angleterre. L'Alien's act de 1905*, in-8°. Paris, Rousseau, 1913.

L. Amilhat. — **Les Taxes foncières anglaises de la loi des finances de 1909-1910*, in-8°. Toulouse, Rivière, 1913.

M. Evesque. — **Les Finances de guerre au XX⁰ siècle*, in-8°. Montpellier, 1914.

MÉMOIRES COURONNÉS PAR LA FACULTÉ DE DROIT DE PARIS

A.-E. Lair. — **Des Hautes cours politiques en France et à l'étranger*, in-8°. Paris, Fontemoing, 1889.

A. W·hl. — *Traité théorique et pratique des titres au porteur français et étrangers*. Paris, 1891, 2 vol. in-8°, A. Rousseau.

J. Barthélemy. — **L'Introduction du régime parlementaire en France sous Louis XVIII et Charles X*, in-8°. Paris, Giard et Brière, 1904.

R. Bompard. — **Le Veto du président de la République et la sanction royale*, in-8°. Paris, Rousseau, 1906.

H. Ripert. — **La Présidence des assemblées politiques*, in-8°. Paris, Rousseau, 1908.

III. — COLLECTIONS DE LOIS ET D'ARRÊTS.
DISCUSSIONS DES CHAMBRES

Isambert, Decruzy, Jourdan et Taillandier. — *Recueil général des anciennes lois françaises depuis 420 jusqu'à 1789*, 30 vol. in-8°.

Bulletin des Lois depuis 1789 jusques et y compris 1910, 439 vol. in-8° (publication officielle).

Duvergier. — *Collection complète des lois, décrets, ordonnances et règlements, avis du Conseil d'État*, 111 vol. in-8° avec tables, 1788-1911.

Mavidal et Laurent. — *Archives parlementaires de 1787 à 1860*. 191 vol. gr. in-8°. Paris, P. Dupont.

Annales du Sénat et de la Chambre des députés de 1860 à 1904, 440 vol. in-4°.

Annuaire de législation française, 33 vol. in-8°. Paris, Pichon et Durand-Auzias.

Annuaire de législation étrangère, 41 vol. in-8°. Paris, Pichon et Durand-Auzias.

Collection des principaux codes étrangers, 25 vol. parus en 1914. Paris, Imprimerie Nationale.

SIREY. — *Recueil général des lois et des arrêts*, 115 vol. in-4°. Paris, Larose et Tenin, 1791-1914.

DALLOZ. — *Jurisprudence générale. Recueil périodique*, 70 vol. in-4°. Paris, Dalloz, 1845-1914.

Pandectes françaises chronologiques. Recueil de jurisprudence et de législation, 29 vol. in-4°, depuis 1886. Paris, Pichon.

LEBON. — *Jurisprudence du Conseil d'État statuant au contentieux et du Tribunal des conflits depuis 1821*, in-8°. Paris, Larose et Tenin.

Bulletin des arrêts de la Cour de cassation, 234 vol. in-8° parus depuis 1798. Imprimerie Nationale.

Recueil de législation et de jurisprudence coloniales, paraissant depuis 1898. Paris, Marchal et Godde.

IV. — RÉPERTOIRES ET DICTIONNAIRES

MERLIN. — *Répertoire universel et raisonné de jurisprudence*, 17 vol. in-4°. 1812-1815.

— *Recueil alphabétique de questions de droit*, 1804-1810.

DALLOZ. — *Jurisprudence générale ou Répertoire méthodique et alphabétique de législation, de doctrine et de jurisprudence*, 69 vol. in-4°. 1887-1897. — Supplément, 19 vol. in-4°. 1887-1897.
— *Dictionnaire pratique de droit*, 3 vol. in-4°. 1910-1912.

SIREY. — *Répertoire général alphabétique du droit français*, 37 vol. in-4°. Paris, Tenin.

RIVIÈRE et A. WEISS. — *Pandectes françaises. Répertoire de législation et de jurisprudence*, 63 vol. in-4°. Paris, Pichon et Durand-Auzias.

BÉQUET. — *Répertoire de droit administratif*, 29 vol. in-4°. Paris, Paul Dupont.

Block et Maguéro. — *Dictionnaire de l'administration française*, in-8°. Paris, Berger-Levrault.

Blanche et de Mouy. — *Dictionnaire général d'administration*,
2 vol. in-8°. Paris, Paul Dupont, 1904.

Block. — *Dictionnaire général de la politique*, 2 vol. in-8°. Paris,
Lorenz, 1873.

V. — JOURNAUX ET REVUES

Le Droit. Journal des tribunaux, de la jurisprudence, des débats
judiciaires et de la législation, 79° année.

Gazette des tribunaux. Journal de jurisprudence et des débats
judiciaires, 90° année.

La Loi. Journal du soir judiciaire, 36° année.

La Gazette du Palais et du Notariat, 36° année.

Revue historique du droit français et étranger, 1855-1869.

Revue de législation ancienne et moderne, française et étrangère,
1870-1876.

*Nouvelle revue historique de droit français et étranger, publiée
depuis 1877, in-8°. Paris, Tenin.

*Bulletin mensuel de la Société de législation comparée, paraissant depuis 1869, in-8°. Paris, Pichon et Durand-Auzias.

**Journal du droit international privé et de la jurisprudence com-
parée*, paraissant depuis 1874, in-8°. Paris, Marchal et Godde.

*Revue pénitentiaire et de droit pénal, organe de la Société générale des prisons, paraissant depuis 1877, in-8°. Paris, Marchal
et Godde.

Revue générale de droit, de législation et de jurisprudence, paraissant depuis 1877, in-8°. Paris, Fontemoing.

Annales des sciences politiques, paraissant depuis 1885 et actuellement sous le titre de *Revue des sciences politiques*, in-8°.
Paris, Alcan.

*Annales de droit commercial et industriel français, étranger et
international*, paraissant depuis 1886, in-8°. Paris, Rousseau.

Revue générale du droit international public, paraissant depuis
1894, in-8°. Paris, Pédone.

**Revue de droit public et de la science politique en France et à
l'étranger*, paraissant depuis 18.4, in-8°. Paris, Giard et
Brière.

Revue politique et parlementaire, paraissant depuis 1895, in-8°. Paris.

Bulletin de la Société d'études législatives, paraissant depuis 1901, in-8°. Paris, Rousseau.

***Revue trimestrielle de droit civil,* paraissant depuis 1902, in-8°. Paris, Larose et Tenin.

**Revue de science et de législation financières,* paraissant depuis 1903, in-8°. Paris, Giard et Brière.

**Revue de droit international privé et de droit pénal international,* paraissant depuis 1905, in-8°. Paris, Larose et Tenin.

Questions pratiques de législation ouvrière et d'économie sociale, (15 années parues en 1914), in-8°. Paris, Rousseau.

**Recueil de législation de Toulouse,* paraissant depuis 1851. — 2e série paraissant depuis 1905, in-8°. Toulouse, Privat.

TRAVAUX DES UNIVERSITÉS ET DES FACULTÉS

Annales de l'Université de Lyon, paraissant depuis 1883, in-8°. Lyon.

Annales de Bretagne, paraissant depuis 1885, in-8°. Rennes.

Annales de l'Université de Grenoble, paraissant depuis 1890, in-8°. Grenoble.

Revue bourguignonne, publiée par l'Université de Dijon, paraissant depuis 1891, in-8°. Dijon.

Annales des Facultés de droit et des lettres d'Aix, paraissant depuis 1905, in-8°. Aix.

Travaux de la Conférence de droit pénal de la Faculté de droit de l'Université de Paris, paraissant depuis 1910, petit in-4°. Larose et Tenin.

Travaux juridiques et économiques de l'Université de Rennes, paraissant depuis 1906, in-8°. Rennes.

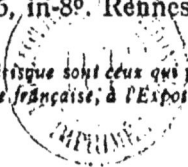

LA SCIENCE FRANÇAISE

Ouvrage publié sous les auspices du Ministère de l'Instruction publique, avec une introduction de

M. LUCIEN POINCARÉ
Directeur de l'Enseignement supérieur

A l'occasion de l'Exposition de San Francisco, à laquelle le Ministère de l'Instruction publique a été sollicité de participer, M. Lucien Poincaré, Directeur de l'Enseignement supérieur, a demandé à nos plus éminents savants d'exposer, en de courtes mais substantielles notices, la part essentielle que la France a apportée au progrès scientifique.

Pour chaque branche, on a essayé de remonter au moment où cet ordre d'études fut abordé pour la première fois'chez nous; on a indiqué les chemins tracés par les glorieux efforts de nos savants; on a signalé enfin, avec quelque insistance, l'étape actuellement atteinte. Chaque notice est accompagnée d'une bibliographie abondante, qui donne à l'ouvrage un caractère de référence de premier ordre.

La Science francaise, qui comprend deux volumes, constitue en quelque sorte le bilan tangible de l'activité scientifique de la France et marque d'une façon éclatante la place prépondérante qu'occupe la science française dans la marche triomphale de l'esprit humain vers la Vérité.

(Voir ci-après la composition de chaque volume).

❍ ❍ ❍

LIBRAIRIE LAROUSSE, 13-17, rue Montparnasse, PARIS (6ᵉ)

LA SCIENCE FRANÇAISE

TOME Ier

**Un volume in-8° carré (format 14,5 × 22)
de 400 pages, illustré de 15 portraits hors texte.
Broché, 5 francs. — Relié toile, 7 fr. 50.**

CONTENU DU TOME PREMIER

✿ ✿ ✿

LIBRAIRIE LAROUSSE, 13-17, rue Montparnasse, PARIS (6ᵉ)
(Envoi franco contre mandat-poste) **et chez tous les libraires.**

LA SCIENCE FRANÇAISE

TOME II

Un volume in-8° carré (format 14,5×22)
de 404 pages, illustré de 20 portraits hors texte.
Broché, 5 francs. — Relié toile, 7 fr. 50.

CONTENU DU TOME SECOND

✪ ✪ ✪

LIBRAIRIE LAROUSSE, 13-17, rue Montparnasse, PARIS (6e)
(Envoi franco contre mandat-poste) et chez tous les libraires.

LA SCIENCE FRANÇAISE

Prix des notices séparées

TOME Ier

(Chaque brochure contient un ou plusieurs portraits hors texte)

TOME II

(Chaque brochure contient un ou plusieurs portraits hors texte)

✪ ✪ ✪

LIBRAIRIE LAROUSSE, 13-17, rue Montparnasse, PARIS (6e)
(Envoi franco contre mandat-poste) **et chez tous les libraires.**

LIBRAIRIE LAROUSSE

EXTRAIT DU   *13-17, rue Mont-*
CATALOGUE   *parnasse, PARIS.*

Dictionnaires Larousse

Les *Dictionnaires Larousse*, ont eu, par leur documentation claire et pratique, toujours soucieuse des exigences de l'actualité, le rare privilège de légitimer la faveur de plus en plus grande dont ils jouissent si heureusement en France et à l'étranger. Sans doute, la cause de cette vogue réside notamment dan, l'adaptation rationnelle et méthodique du vocabulaire aux formes et aux exigences variées de la vie, qu'il s'agisse de l'intellectuel ou simplement de l'homme de métier. Une autre raison de ce succès est la multiplicité des formats grâce auxquels les éditeurs ont pu se mettre à la portée de toutes les bourses et satisfaire à tous les besoins.

LAROUSSE ÉLÉMENTAIRE ILLUSTRÉ. Édition refondue et augmentée sous la direction de Claude et Paul Augé. Un vol. de 1 275 pages (format 10,5 × 16,5), 2 500 grav., 37 tableaux encyclopédiques dont 2 en couleurs, 24 cartes, 600 portraits. Cartonné, 2 fr. 60; relié toile, titre or.   3 francs

LAROUSSE CLASSIQUE ILLUSTRÉ, par Claude Augé. Dictionnaire manuel à l'usage des écoles, plus complet qu'aucun autre dictionnaire de même prix. Beau volume de 1 100 pages (format 13,5 × 20), 4 150 gravures, 70 tableaux encyclopédiques dont 2 en couleurs et 114 cartes dont 7 en couleurs. Cartonné . . . . 3 fr. 30

Relié toile (reliure originale de Giraldon). . . . . 3 fr. 75

(0 fr. 75 en sus pour frais d'envoi à l'étranger.)

Petit LAROUSSE ILLUSTRÉ. Publié sous la direction de Claude Augé. Le plus complet et le plus intéressant de tous les dictionnaires manuels. Beau volume de 1 664 pages (format 13,5 × 20), 5 800 gravures, 130 tableaux encyclopédiques dont 4 en couleurs, et 120 cartes dont 7 en couleurs. Relié toile (reliure originale de Grasset), en trois tons.   5 francs
En reliure souple pleine peau . . . .   7 fr. 50
(1 fr. en sus pour frais d'envoi dans les localités non desservies par le chemin de fer et à l'étranger.)

Larousse DE POCHE, par Claude et Paul Augé. Le seul dictionnaire de poche vraiment pratique et complet, contenant plus de 85 000 mots avec leur définition, plus un traité de grammaire et de littérature française. Joli volume de 1 292 pages sur papier extra-mince (*bible paper*), format 10,5 × 16,5, épaisseur 2 centimètres, poids 315 grammes. Relié toile . . . .   6 francs
Elégamment relié peau souple, dans un étui . . . . . .   7 fr. 50

Le LAROUSSE POUR TOUS, dictionnaire encyclopédique en *deux volumes*, publié sous la direction de Claude Augé. Une encyclopédie complète à la portée de tous : tous les mots de la langue, toutes les connaissances humaines, sous la forme la plus pratique et la moins coûteuse. 1 950 pages (format 21 × 30,5), 17 325 gravures, 216 cartes en noir et en couleurs, 35 planches en couleurs. Broché. . . . .   35 francs
Relié demi-chagrin (reliure originale de G. Auriol).   45 francs
(Facilités de payement — Prospectus spécimen sur demande.)

Nouveau LAROUSSE ILLUSTRÉ en *huit volumes*, publié sous la direction de Claude Augé. Le plus récent, le plus remarquablement documenté et le plus magnifiquement illustré des grands dictionnaires encyclopédiques, rédigé par plus de 400 collaborateurs d'élite : le plus grand succès de la librairie française. 7 600 pages (format 32 × 26), 237 000 articles, 49 000 gravures, 504 cartes en noir et en couleurs, 89 planches en couleurs. Broché. . . . .   230 francs
Relié demi-chagrin (reliure originale de Grasset).   275 francs
Casier-Bibliothèque, en noyer ciré ou acajou ciré. .   30 francs
(Facilités de payement — Prospectus spécimen sur demande.)

Grand DICTIONNAIRE LAROUSSE en *dix-sept volumes*. Le plus vaste répertoire encyclopédique du monde entier. 24 500 pages (format 32 × 26), 2 864 gravures. Broché, 650 fr.; — Relié demi-chagrin. . . . .   750 francs
(Facilités de payement — Prospectus spécimen sur demande.)

*13-17, Rue Montparnasse, Paris
et chez tous les libraires*

Bibliothèque Larousse
encyclopédique et illustrée
Directeur : Georges MOREAU

L A *Bibliothèque Larousse*, collection véritablement encyclopédique, assemble dans un but de culture française intégrale, les ouvrages les plus divers répartis en neuf sections : *Littérature — Beaux-Arts — Sciences — Histoire et Géographie — Médecine et hygiène — Vie sociale et droit usuel — Agriculture — Connaissances pratiques — Sports*. Chaque section renferme en son cadre les connaissances qu'il fallait autrefois rechercher péniblement dans les ouvrages spéciaux, généralement coûteux et, souvent, d'une lecture aride. Cette collection se distingue en outre par une illustration documentaire abondante, exactement appropriée à son objet, par une présentation artistique où se manifeste le goût français, et, avec tous ces avantages, par son prix des plus modiques.

Les ouvrages de cette collection sont envoyés franco contre mandat-poste (pour l'étranger, ajouter 20 centimes par volume).

LITTÉRATURE

L A section littéraire comprend quatre subdivisions : 1º Les *chefs-d'œuvre* de la littérature classique et moderne ; 2º des *anthologies* d'écrivains choisis par époques et par pays ; 3º des *précis* d'*Histoire de la littérature* française et étrangère ; 4º des *monographies* des plus grands écrivains.

I — Les chefs-d'œuvre de la littérature

Le soin le plus attentif à été apporté à la présentation de ces ouvrages ; la valeur critique en est garantie par la compétence des écrivains, professeurs, agrégés de l'Université ou littérateurs avertis, qui ont donné à chaque œuvre, par une notice préliminaire et des notes au texte, un caractère d'érudition simple et sûre.

De nombreuses gravures hors texte empruntées aux éditions originales les plus recherchées et aux tableaux de maîtres ; de curieux autographes, des vignettes empruntées au meilleur goût de l'époque envisagée, constituent une documentation de premier ordre et réalisent l'idéal du bibliophile : les chefs-d'œuvre littéraires illustrés par les chefs-d'œuvre de l'art.

RABELAIS : GARGANTUA ET PANTAGRUEL Avec biographie
et notes, par H. CLOUZOT. *Trois vol.* illustrés de 12 grav.
hors texte. Chaque vol., sous couverture remplièe . . 1 fr. 50
Relié toile ivoirine, titre bleu et or, tête bleue. . . . . 2 fr. 50
En *un seul volume*, reliure demi-peau, tête dorée. . . 6 francs

CORNEILLE : THÉATRE CHOISI ILLUSTRÉ. Avec biographie
et notes, par Henri CLOUARD. *Trois vol.* illustrés de 24 gravures dont 13 hors texte d'après Gravelot (édition de 1764).
Chaque volume, broché, 1 fr. ; relié toile souple. . . . 1 fr. 30
En *un seul volume*, reliure demi-peau, tête dorée . . . 6 francs

RACINE : THÉATRE COMPLET ILLUSTRÉ. Avec biographie et
notes, par Henri CLOUARD. *Trois vol.* illustrés de 32 gravures dont 12 hors texte d'après J. de Sève (édition de 1767).
Chaque volume, broché, 1 fr. ; relié toile souple . . . 1 fr. 30
En *un seul volume*, reliure demi-peau, tête dorée . . . 6 francs

MOLIÈRE : THÉATRE COMPLET ILLUSTRÉ. Avec biographie
et notes, par Th. COMTE, agrégé de l'Université. *Sept vol.*
illustrés de 63 grav. dont 36 hors texte d'après Boucher (édition
de 1734). Chaque vol., broché, 1 fr. ; relié toile souple. 1 fr. 30
En *deux volumes*, reliure demi-peau, tête dorée . . . . 13 francs

LA FONTAINE : FABLES ILLUSTRÉES. Avec biographie et
notes, par M. MOREL, agrégé de l'Université. *Deux vol.* illustrés de 24 gravures d'après Oudry (édition de 1755) et 4 hors
texte. Chaque vol., br., 1 fr.; relié toile souple . . . . 1 fr. 30
En *un seul volume*, reliure demi-peau, tête dorée . . . 4 fr. 50

BOILEAU : ŒUVRES POÉTIQUES ILLUSTRÉES. Avec biographie
et notes, par L. COQUELIN. 8 gravures d'après Cochin (édition de 1747). Broché, 1 fr. ; relié toile souple. . . . . 1 fr. 30
En reliure demi-peau, tête dorée. . . . . 3 francs

LA BRUYÈRE : LES CARACTÈRES. Avec biographie et notes,
par René PICHON, agrégé de l'Univ. *Deux vol.* 8 gravures hors
texte. Chaque vol., broché, 1 fr. ; relié toile souple. . . 1 fr. 30
En *un seul volume*, reliure demi-peau, tête dorée . . . 4 fr. 50

LA ROCHEFOUCAULD : MAXIMES. Avec biographie et
notes, par M. ROUSTAN, agrégé de l'Univ. 4 gravures hors
texte, couv. remplièe, 1 fr. 50 ; relié toile ivoirine . . . 2 fr. 50
En reliure demi-peau, tête dorée. . . . . 3 francs

B OSSUET : Œuvres choisies illustrées. Avec biographie
et notes, par Henri CLOUARD. *Deux volumes*, 18 gravures.
Chaque volume, broché, 1 franc; relié toile souple . .   1 fr. 30
En *un seul volume*, reliure demi-peau, tête dorée . . .   4 fr. 50

M ME DE LA FAYETTE : La Princesse de Clèves. Avec
biographie et notes, par L. COQUELIN. 9 gravures dont
2 hors texte. Broché, 1 franc; relié toile souple. . . .   1 fr. 30
En reliure demi-peau, tête dorée . . . .   3 francs

M ME DE SÉVIGNÉ : Lettres choisies illustrées, suivies
d'un choix de lettres de femmes célèbres du xvii⁰ siècle.
Avec biographie et notes, par Marguerite CLÉMENT, agrégée de
l'Université. — *Deux vol.*, 8 gravures hors texte. — Chaque vol.,
sous couv. repliée, 1 fr. 50; relié toile ivoirine . . . .   2 fr. 50
En *un seul volume*, reliure demi-peau, tête dorée . . .   4 fr. 50

R EGNARD : Théatre choisi illustré. Avec biographie et
notes, par Georges ROTH, agrégé de l'Univ. — *Deux vol.*,
8 grav. Chaque vol., couv. repliée, 1 fr. 50; rel. t. ivoir.   2 fr. 50
En *un seul volume*, reliure demi-peau, tête dorée . . .   4 fr. 50

S AINT-SIMON : Mémoires (extraits suivis). Avec biographie et notes, par Aug. DUPOUY, agrégé de l'Univ. *Quatre vol.*,
17 hors-texte. Chaque vol., br., 1 fr.; relié toile souple.   1 fr. 30
En *un seul volume*, reliure demi-peau, tête dorée. . .   7 francs

A BBÉ PRÉVOST : Manon Lescaut. Avec biographie et
notes, par GAUTHIER-FERRIÈRES. 11 grav. Br. .   1 franc
Rel. toile souple, 1 fr. 30; en reliure d.-peau, tête dorée.   3 francs

J .-J. ROUSSEAU : Les Confessions (extraits suivis). Avec
biographie et notes, par H. LEGRAND, agrégé de l'Univ.
6 gr. d'après Le Barbier (1774). Br., 1 fr.; rel. t. souple   1 fr. 30

J .-J. ROUSSEAU : Emile (extraits suivis). Avec notices et
annotations, par H. LEGRAND. 4 gravures hors texte. Sous
couverture repliée, 1 fr. 50; relié toile ivoirine. . .   2 fr. 50

V OLTAIRE : Romans. Avec biographie et notes, par H. LE-
GRAND. *Deux vol.* 6 gr. Chaque vol., br., 1 fr.; rel. t. s.   1 fr. 30
En *un seul volume*, reliure demi-peau, tête dorée . . .   4 fr. 50

V OLTAIRE : Théatre choisi illustré. Avec notes et
notices, par H. LEGRAND. 4 grav. hors texte d'après Moreau
le Jeune (édition de 1784). Br., 1 fr.; relié toile souple.   1 fr. 30

V OLTAIRE : Œuvre poétique. Avec notes, par H. LEGRAND.
4 grav., couv. repliée, 1 fr. 50; rel. toile ivoirine.   2 fr. 50

VOLTAIRE : Histoire de Charles XII. Avec notes et
notices, par H. Legrand. 1 grav. hors texte et 1 carte en
couleurs, couv. rempliée, 1 fr. 50; relié toile ivoirine. 2 fr. 50

DIDEROT : Œuvres choisies illustrées. Avec biographie
et notes, par Aug. Dupouy. *Trois vol.* 12 gravures. Chaque
vol. sous couverture rempliée, 1 fr. 50; rel. t. ivoirine. 2 fr. 50
En *un seul volume*, reliure demi-peau, tête dorée . . . 6 francs

BEAUMARCHAIS : Théatre choisi illustré. Avec bio-
graphie et notes, par M. Roustan, agrégé de l'Université.
Deux vol., 8 grav. Chaque vol., br., 1 fr.; rel. t. souple. 1 fr. 30
En *un seul volume*, reliure demi-peau, tête dorée . . . 4 fr. 50

BERNARDIN DE SAINT-PIERRE : Paul et Virginie.
Avec biographie et notes, par Aug. Dupouy, agrégé de
l'Université. 4 grav. hors texte. Couverture rempliée. 1 fr. 50
Rel. toile ivoirine, 2 fr. 50; rel. demi-peau, tête dorée. 3 francs

BENJAMIN CONSTANT. Adolphe et Œuvres choisies.
Avec biographie et notes par M. Allem. 2 hors-texte. Couv.
rempliée, 1 fr. 50; rel. t. ivoirine, 2 fr. 50; rel. demi-peau. 3 francs

CHATEAUBRIAND : Œuvres choisies illustrées. Avec
biographie et notes, par Dupouy. *Trois vol.*, 18 gravures.
Chaque volume, broché, 1 fr.; relié toile souple. . . . 1 fr. 30
En *un seul volume*, reliure demi-peau, tête dorée. . . 6 francs

STENDHAL : La Chartreuse de Parme. Avec biographie
et notes, par Dupouy. *Deux volumes*, 4 gravures hors texte.
Chaque volume, broché, 1 fr.; relié toile souple . . . 1 fr. 30
En *un seul volume*, reliure demi-peau, tête dorée . . . 4 fr. 50

STENDHAL : Le Rouge et le Noir. Avec introduction et
notes, par C. Stryienski. *Deux volumes*, 4 gravures hors
texte. Chaque volume, broché, 1 fr.; relié toile souple. 1 fr. 30
En *un seul volume*, reliure demi-peau, tête dorée . . . 4 fr. 50

STENDHAL : Chroniques italiennes. Avec notices et annotations, par Dupouy. 4 gravures hors texte. Sous couverture rempliée, 1 fr. 50; relié toile ivoirine. . . . . . . 2 fr. 50

BALZAC : Œuvres choisies illustrées. *Huit volumes* illustrés de 7 gravures et 2 autographes. Chaque volume, broché, 1 franc; relié toile souple . . . . 1 fr. 30
En *trois volumes*, reliure demi-peau, tête dorée . . . . 16 fr. 50

GÉRARD DE NERVAL : Œuvres choisies illustrées.
Avec biographie et notes, par Gauthier-Ferrières. 4 grav.
Couv. rempl., 1 fr. 50; rel. t. ivoirine, 2 fr. 50; rel. d.-peau. 3 francs

MURGER : Scènes de la vie de Bohème. Avec notice
biographique. 4 grav. hors texte. Couv. rempliée. 1 fr. 50
Rel. toile ivoirine, 2 fr. 50; rel. demi-peau, tête dorée. 3 francs

MUSSET : Œuvres complètes illustrées. *Huit vol.*, 7 grav.
et 2 autogr. Chaque vol., br., 1 fr.; rel. t. souple. 1 fr. 30
En *trois volumes*, reliure demi-peau, tête dorée . . . . 16 fr. 50

VIGNY : Œuvres illustrées. Avec biographie et notes, par
Gauthier-Ferrières. *Sept volumes*, 27 grav. hors texte.
Chaque vol., couv. rempliée, 1 fr. 50; rel. toile ivoirine. 2 fr. 50
En *trois volumes*, reliure demi-peau, tête dorée . . . . 15 francs

VICTOR HUGO : Œuvres choisies illustrées. Avec biographie et notices, par Léopold-Lacour, agrégé de l'Université, et préface de G. Simon. *Deux vol.*, 60 grav. (*Poésie*, 1 vol.;
Prose, 1 vol.). Chaque volume, couverture rempliée. 5 francs
Relié toile ivoirine, 6 fr. ; relié demi-peau, tête dorée. 8 francs

II — *Anthologies.*

ANTHOLOGIE des écrivains français des XVe et
XVIe siècles. Avec biographies et notes, par Gauthier-
Ferrières. *Deux vol.* (*Poésie*, 1 vol.; *Prose*, 1 vol.). 36 grav. dont
8 hors texte, 18 autogr. Chaque vol., couvert. rempliée 1 fr. 50
Relié toile ivoirine, titre bleu et or, tête bleue . . . . 2 fr. 50
En *un seul volume*, reliure demi-peau, tête dorée . . . 4 fr. 50

ANTHOLOGIE des écrivains français du XVIIe siècle.
Avec biographies et notes, par Gauthier-Ferrières.
Deux volumes (*Poésie*, 1 vol.; *Prose*, 1 vol.). 45 portraits
dont 8 hors texte, 51 autographes. Chaque volume, bro-
ché, 1 franc; relié toile souple. . . . . 1 fr. 30
En *un seul volume*, reliure demi-peau, tête dorée . . . 4 fr. 50

ANTHOLOGIE des écrivains français du XVIIIe siècle.
Avec biographies et notes, par Gauthier-Ferrières.
Deux volumes (*Poésie*, 1 vol.; *Prose*, 1 vol.). 61 por-
traits, dont 8 hors texte, 56 autographes. Chaque volume,
broché, 1 franc; relié toile souple. . . . . 1 fr. 30
En *un seul volume*, reliure demi-peau, tête dorée. . . . 4 fr. 50

ANTHOLOGIE des écrivains français du XIXe siècle.
Avec biographie et notes, par Gauthier-Ferrières.
Quatre volumes (*Poésie*, 2 vol.; *Prose*, 2 vol.). 89 portraits,
dont 16 hors texte, 83 autographes. Chaque volume, bro-
ché, 1 franc; relié toile souple . . . . 1 fr. 30
En *un seul volume*, reliure demi-peau, tête dorée. . . . 7 francs

ANTHOLOGIE DES ÉCRIVAINS FRANÇAIS CONTEMPORAINS (POÉSIE). Avec notices, par GAUTHIER-FERRIÈRES. 4 portraits hors texte et 36 autographes. Sous couverture remplicée, 1 fr. 50; relié toile ivoirine. . . . . 2 fr. 50

Sous presse : ANTHOLOGIE DES ÉCRIVAINS FRANÇAIS CONTEMPORAINS (Prose).

ANTHOLOGIE DES ÉCRIVAINS SUÉDOIS CONTEMPORAINS, par T. HAMMAR. 4 gravures hors texte. Broché. . . . 1 franc
Relié toile souple . . . . 1 fr. 30

III — *Histoire des littératures.*

LA LITTÉRATURE FRANÇAISE AU XIXᵉ SIÈCLE, par Ch. LE GOFFIC. Tableau d'ensemble absolument unique de la littérature française contemporaine : tous les genres, tous les écrivains. 76 grav. Br., 1 fr. 75; relié toile souple. . . 2 fr. 25

LITTÉRATURE ALLEMANDE, par W. THOMAS, agrégé de l'Univ. 57 grav. Br., 1 fr. 20; relié toile souple. 1 fr. 50

LITTÉRATURE ANGLAISE, par W. THOMAS, agrégé de l'Université. 56 grav. Br., 1 fr. 20; rel. toile souple. 1 fr. 50

LITTÉRATURE ITALIENNE, par G.-M. GATTI. 23 grav. Broché, 1 franc; relié toile souple . . . . 1 fr. 30

HISTOIRE DE LA LITTÉRATURE RUSSE, par L. LEGER, membre de l'Institut. 26 grav., 5 autographes. Broché, 0 fr. 75; relié toile souple. 1 05

IV — *Monographies.*

MONTAIGNE, par L. COQUELIN. Sa vie et son œuvre (avec extraits). 6 grav. Br., 0 fr. 75; relié toile souple. 1 fr. 05

MUSSET, par GAUTHIER-FERRIÈRES. Sa vie et son œuvre (avec extraits). 4 grav. Br., 0 fr. 75; rel. t. souple. 1 fr. 05

VIGNY, par Aug. DUPOUY. Sa vie et son œuvre. 4 gravures. Broché, 1 fr., relié toile souple. . . . . 1 fr. 30

DAUDET, par P. et V. MARGUERITTE, etc. Sa vie et son œuvre (avec extraits). 8 gr. Br., 0 fr. 75; rel. t. 1 fr. 05

GŒTHE, par Ch. SIMOND. Sa vie et son œuvre (avec extraits). 4 gravures. Broché, 0 fr. 75; relié toile souple. . 1 fr. 05

SCHILLER, par Ch. SIMOND. Sa vie et son œuvre (avec
extraits). 4 grav. Br., o fr. 75; relié toile souple . 1 fr. 05

HEINE, par A. TOPIN. Sa vie et son œuvre (avec extraits).
4 gravures. Broché, 1 franc; relié toile souple. . 1 fr. 30

TOLSTOÏ, par OSSIP-LOURIÉ. Sa vie et son œuvre (avec
extraits). 4 grav. Br., o fr. 75; relié toile souple . 1 fr. 05

IBSEN, par OSSIP-LOURIÉ. Sa vie et son œuvre (avec
extraits). 4 grav. Br., o fr. 75; relié toile souple. . 1 fr. 05

BEAUX-ARTS

ANTHOLOGIE D'ART FRANÇAIS : XIXᵉ SIÈCLE (PEINTURE),
par Ch. SAUNIER. *Deux vol.* contenant 240 reprod. photogr.
en pleine page. Chaque vol., br., 2 fr. 50; relié toile. 3 fr. 50
Édition de luxe sur papier mat, chaque volume, br. 5 francs

ANTHOLOGIE D'ART FRANÇAIS : XXᵉ SIÈCLE (PEINTURE),
par Ch. SAUNIER. 128 reproductions photographiques en
pleine page. Broché, 3 fr. 50; relié toile souple. . 4 fr. 50
Édition de luxe sur papier mat, broché . . . . 6 francs

REMBRANDT, par A. BRÉAL. 24 grav. h. texte. Br. 1 fr. 20
Relié toile souple. . . . . 1 fr. 50

L'ART A L'ÉCOLE, par Ch.-M. COUYBA et les membres du
Comité de la Société française de l'Art à l'École. 70 gravures.
Broché, 1 fr. 20; relié toile souple. . . . . 1 fr. 50

HISTOIRE ET GÉOGRAPHIE

HISTOIRE DE RUSSIE, par L. LEGER. 12 grav., 2 cartes.
Broché, o fr. 75; relié toile souple. . . . . 1 fr. 05

GÉOGRAPHIE RAPIDE DE L'EUROPE, par Onésime RECLUS.
16 gravures, 1 carte. Br., 1 fr. 20; rel. toile souple. 1 fr. 50

GÉOGRAPHIE RAPIDE DE LA FRANCE, par RECLUS. 18 grav.
Broché, 1 fr. 20; relié toile souple. . . . . 1 fr. 50

SCIENCES PURES ET APPLIQUÉES

QU'EST-CE QUE LA SCIENCE? par F. LE DANTEC,
chargé de cours à la Sorbonne. 88 grav. Broché. . 1 fr. 20
Relié toile souple. . . . . 1 fr. 50

L'ÉVOLUTION DE L'ASTRONOMIE AU XIXᵉ SIÈCLE,
par P. Busco. Pages choisies des grands astronomes. 63 gr.
dont 16 hors texte. Br., 1 fr. 50; rel. toile souple . 1 fr. 90

L'ÉVOLUTION DE LA PHYSIQUE AU XIXᵉ SIÈCLE.
par M. Cosmovici. Pages choisies des grands physiciens.
8 portraits hors texte. Br., 1 fr. 50; relié t. souple. 1 fr. 90

L'ÉVOLUTION DE LA CHIMIE AU XIXᵉ SIÈCLE, par
Marcel Oswald. Pages choisies des grands chimistes. 16 portraits hors texte. Broché, 1 fr. 50; relié toile souple. 1 fr. 90

LE RADIUM, sa genèse, ses propriétés et ses emplois, par
André Lancien. 39 grav. et 1 pl. hors texte. Br. . 1 fr. 50
Relié toile souple. . . . . 1 fr. 90

LA PHOTOGRAPHIE DES COULEURS, par Coustet. 22 gr.
Broché, 0 fr. 75; relié toile souple . . . . 1 fr. 05

L'ÉLECTRICITÉ A LA MAISON, par H. de Graffigny.
100 gravures. Broché, 1 franc; relié toile souple . . 1 fr. 40

LES ALLIAGES MÉTALLIQUES, par Hémardinquer. 9 gr.
Broché, 0 fr. 50; relié toile souple . . . . 0 fr. 75

LA VOIX PROFESSIONNELLE, par le Dʳ P. Bonnier. 39 grav.
Broché, 2 francs; relié toile souple. . . . . 2 fr. 50

VIE SOCIALE ET DROIT USUEL

LA VIE ÉCONOMIQUE, par Frédéric Passy. Broché . 1 fr. 20
Relié toile souple . . . . 1 fr. 50

ENTRE LOCATAIRES ET PROPRIÉTAIRES, par D. Massé.
Broché, 1 fr. 20; relié toile souple . . . . 1 fr. 50

LES ASSURANCES, par E. Adam. Guide pratique. Bro-
ché, 0 fr. 75; relié toile souple . . . . 1 fr. 05

CE QUE LA LOI PUNIT, par Guyon. Code pénal expliqué.
Broché, 0 fr. 90; relié toile souple. . . . . 1 fr. 20

LES ACCIDENTS DU TRAVAIL, par L. André. Br. 1 fr. 20
Relié toile souple. . . . . 1 fr. 50

ASSISTANCE AUX VIEILLARDS, AUX INFIRMES, AUX
INCURABLES. Broché, 1 fr. 20; relié toile souple. . . 1 fr. 50

CODE MUNICIPAL, par Max Legrand. Broché. 1 fr. 20
Relié toile souple. . . . . 1 fr. 50

DROITS DE TIMBRE ET D'ENREGISTREMENT, par A. Lanoë.
Broché, 1 fr. 50; relié toile souple. . . . . 1 fr. 90

POUR FAIRE SOI-MÊME SON TESTAMENT, par Léon Pa-
risot. Broché, 1 fr. 50; relié toile souple. . . . . . 1 fr. 90

MÉDECINE ET HYGIÈNE

L'ESTOMAC, hygiène, maladies, traitement, par le
Dr M.-A. LEGRAND. 14 grav. Br., 1 fr.; relié toile. 1 fr. 30

L'ŒIL, hygiène, maladies, traitement, par le Dr VALUDE,
médecin de la clinique des Quinze-Vingts. 54 gravures.
Broché, 1 fr.; relié toile souple . . . . 1 fr. 30

L'OREILLE, hygiène, maladies, traitement, par le Dr M.-A. LE-
GRAND. 74 gravures. Broché, 1 fr. 20; relié toile . 1 fr. 50

LA BOUCHE ET LES DENTS, hygiène, maladies, traitement, par le Dr ROSENTHAL. 28 gravures. Br. 1 franc
Relié toile souple. . . . . 1 fr. 30

LE NEZ ET LA GORGE, hygiène, maladies, traitement,
par le Dr A. NEPVEU. 48 grav. Br., 1 fr.; relié toile. 1 fr. 30

LA PEAU ET LA CHEVELURE, hygiène, maladies, traitement,
par le Dr M.-A. LEGRAND. 65 gravures. Broché . . 1 fr. 20
Relié toile souple. . . . . 1 fr. 50

LE VISAGE, CORRECTIONS DES DIFFORMITÉS, par le Dr L. LA-
GARDE; 75 gravures. Broché, 1 fr. 20; relié toile. . 1 fr. 65

LES NERFS ET LEUR HYGIÈNE, par le Dr GUILLERMIN. Broché, 0 fr. 75; relié toile souple. . . . . 1 fr. 05

LES MALADIES DE POITRINE, par le Dr GALTIER-BOISSIÈRE.
63 gravures. Broché, 1 fr. 35; relié toile souple . . 1 fr. 75

CHIRURGIE D'URGENCE, par le Dr L. BILLON. 46 gravures. Broché, 1 fr. 35; relié toile souple. . . . . . 1 fr. 75

ARTHRITISME ET ARTÉRIO-SCLÉROSE, par le Dr LAUMONIER.
Broché, 1 fr. 20; relié toile souple . . . . 1 fr. 50

HERNIES ET VARICES, par L. et J. RAINAL. 55 gravures.
Broché, 0 fr. 90; relié toile souple. . . . . 1 fr. 20

PRÉCIS D'ALIMENTATION RATIONNELLE, par le
Dr PASCAULT. Broché, 1 fr. 20; relié toile souple. 1 fr. 50

LA CUISINE HYGIÉNIQUE, par Mme Cl. FAURE, avec
introduction du Dr GUILLERMIN. Br., 1 fr. 50; rel. t. 1 fr. 95

POUR ÉLEVER LES NOURRISSONS, par le D^r GAL-
TIER-BOISSIÈRE. 62 grav. Broché, 0 fr. 90; relié t. 1 fr. 20

POUR PRÉSERVER DES MALADIES VÉNÉRIENNES, par le
Dr GALTIER-BOISSIÈRE. 34 grav. Br., 0 fr. 75; rel t. 1 fr. 05

LES VACCINS MICROBIENS, par le Dr RENAUD-BADET.
12 gravures. Broché, 1 fr.; relié toile souple . . . . 1 fr. 30

AGRICULTURE

ROUTINE ET PROGRÈS EN AGRICULTURE, par
DUMONT. 92 grav. Broché, 1 fr. 80 ; rel. t. souple. 2 fr. 25

LE JARDIN DE L'INSTITUTEUR, DE L'OUVRIER ET DE
L'AMATEUR, par P. BERTRAND. Manuel pratique de jardinage.
60 grav. et 9 pl. Broché, 1 fr. 20 ; rel. toile souple. 1 fr. 50

LE VERGER DE L'INSTITUTEUR, DE L'OUVRIER ET DE
L'AMATEUR, par P. BERTRAND. 193 gravures. Br. . 1 fr. 20
Relié toile souple . . . . 1 fr. 50

LE BÉTAIL, par Marcel VACHER. 10 gravures. Br. 0 fr. 75
Relié toile souple. . . . . 1 fr. 15

LE PORC, par Marcel VACHER. 10 gravures. Br. . 0 fr. 75
Relié toile souple . . . . 1 fr. 15

TOUTE LA BASSE-COUR, par H. VOITELLIER. 11 grav.,
24 planches. Broché, 1 fr. 50 ; relié toile souple . . 1 fr. 95

AMÉLIORATIONS DU SOL, par M. ABADIE. 95 grav.
Broché, 0 fr. 90 ; relié toile souple . . . . ,1 fr. 20

DES FOURRAGES VERTS TOUTE L'ANNÉE, par
COMPAIN. 44 grav. Br., 0 fr. 90 ; relié toile souple. 1 fr. 20

CONNAISSANCES PRATIQUES

DÉFENDS TON ARGENT, par G. SOREPH. 4 gravures.
Broché, 0 fr. 90 ; relié toile souple. . . . . 1 fr. 20

LA CUISINE A BON MARCHÉ, par Mme J. SÉVRETTE.
Broché, 0 fr. 90 ; relié toile souple. . . . . 1 fr. 20

LA NOURRITURE DE L'ENFANCE, par le Dr H. LE-
GRAND. Broché, 1 fr. 20 ; relié toile souple. . . . . 1 fr. 50

LE GUIDE MONDAIN, par la comtesse DE MAGALLON.
Broché, 0 fr. 90 ; relié toile souple . . . . 1 fr. 20

CHAMPIGNONS MORTELS ET DANGEREUX, par
F. GUÉGUEN, professeur agrégé à l'École supérieure de Phar-
macie. 7 planches en couleurs. Relié toile souple . 1 fr. 50

LE PASSE-TEMPS DES MOIS, par DELOSIÈRE. 111 grav.
Broché, 0 fr. 75 ; relié toile souple. . . . . 1 fr. 05

LA MAISON FLEURIE, par F. FAIDEAU. 61 gravures.
Broché, 0 fr. 90 ; relié toile souple. . . . . 1 fr. 20

LES HABITATIONS A BON MARCHÉ et un art nouveau pour le peuple, par Jean LAHOR. 39 gravures. Broché. 2 francs
Relié toile souple . . . . 2 fr. 30

LE DESSIN DE L'ARTISAN ET DE L'OUVRIER, par CHEVRIER. Broché, o fr. 75; relié toile souple. . . . . . 1 fr. 05

POUR FORMER UN TIREUR, par VIOLET et VOULQUIN. Broché, o fr. 75 ; relié toile souple. . . . . 1 fr. 05

FRONTIÈRES FRANÇAISES, FORTS, CAMPS RETRANCHÉS, par G. VOULQUIN. *Trois vol.* illustrés de nombreuses grav. et cartes. Chaque vol., broché, 1 fr. 20; rel. t. souple. 1 fr. 50

SPORTS

LE LAWN-TENNIS, LE GOLF, LE CROQUET, LE POLO, par P. CHAMP, F. DE BELLET, A. DESPRÉS, F. CAZE DE CAUMONT. 50 grav. dont 24 hors texte. Relié toile souple. . . 2 francs

LES SPORTS ATHLÉTIQUES : *Football, Course à pied, Saut, Lancement,* par P. et J. GARCET DE VAURESMONT. 45 gravures. Relié toile souple. . . . . 2 francs

LES SPORTS NAUTIQUES : *Aviron, Natation, Water-polo,* par Louis DOYEN, Paul AUGÉ et Georges MOËBS. 41 grav. dont 24 hors texte. Relié toile souple . . . . 2 francs

LA BOXE : *Boxe anglaise et française, Lutte,* par J. MOREAU, CHARLEMONT, LUSCIEZ et DERIAZ. 48 gr. Rel. t. 2 francs

L'ESCRIME : *Fleuret, Épée, Sabre,* par KIRCHHOFFER, J. JOSEPH-RENAUD et L. LECUYER. 48 grav. Rel. toile. 1 fr. 30

LA CHASSE A TIR AU CHIEN D'ARRÊT ET LA CHASSE AU GIBIER D'EAU, par GASTINNE-RENETTE, P. BERT, Cte J. CLARY, VOULQUIN, etc. 128 gravures. Relié toile souple . . 2 francs

LE PATINAGE ARTISTIQUE, par Louis MAGNUS. 33 gravures et 19 planches hors texte. Relié toile souple. 2 francs

LES ÉCLAIREURS DE FRANCE ET LE ROLE SOCIAL DU SCOUTISME FRANÇAIS, par le capitaine ROYET. 28 gravures hors texte. Relié toile souple. . . . . 2 francs

JEUX ET CONCOURS DE PLEIN AIR à la campagne, à la mer, à l'école, par le baron GUSTAVE. 60 gravures dont 32 hors texte. Relié toile souple . . . . 2 francs

Larousse mensuel illustré

Publié sous la direction de Claude Augé

Le seul périodique véritablement encyclopédique, enregistrant chaque mois dans l'ordre alphabétique, sous une forme documentaire, toutes les manifestations de la vie contemporaine, littérature, arts, sciences, politique, etc. : tient au courant de tout, forme la mise à jour indéfinie du *Nouveau Larousse illustré* et de toutes les encyclopédies. — Paraît le 1ᵉʳ samedi du mois.

LE NUMÉRO de 24 pages gr. in-4° (32 × 26), illustré de nombreuses gravures . . . . o fr. 90

ABONNEMENT D'UN AN : France et Colonies . . . 10 francs
—   —   Étranger (Union postale). 12 francs

(Ajouter 90 centimes si on désire recevoir les numéros sous tube-carton)

En vente : TOME I (1907-1910). Magnifique volume de 842 pages, 2 812 gravures, 103 cartes.
TOME II (1911-1913). Magnifique vol. de 930 pages, 2 340 grav., 82 cartes, 6 planches en couleurs.
Chaque volume, broché, 24 fr.; relié demi-chagrin. . 30 francs

(Facilités de payement — Prospectus sur demande.)

Larousse médical illustré

Publié sous la direction du Dʳ Galtier-Boissière

Encyclopédie médicale à l'usage des familles, donnant sous la forme la plus pratique tout ce qu'il est utile de savoir sur nos organes et leurs fonctions, les différentes maladies et leur traitement, l'hygiène, etc. Magnifique volume in-4° de 1 300 pages (format 20 × 27), 2 462 gravures dont un grand nombre de photographies d'après nature, 36 pl. en coul. Broché 34 francs
Relié demi-chagrin (rel. originale de G. AURIOL) . . . 40 francs

(Facilités de payement — Prospectus spécimen sur demande.)

Collection in-4° Larousse

Splendides ouvrages de luxe (format 32 × 26)
merveilleusement illustrés par la photographie
Reliures artistiques originales

HISTOIRE DE FRANCE ILLUSTRÉE (DES ORIGINES A LA FIN DE LA GUERRE DE 1870-71), *en deux volumes.* La plus intéressante et la plus belle histoire de France qui ait jamais été publiée. 2 028 gravures photographiques, 43 planches en couleurs, 9 cartes en couleurs, 96 cartes en noir. Broché, 53 fr.; relié demi-chagrin. . . . . . 65 francs

LA FRANCE, GÉOGRAPHIE ILLUSTRÉE, *en deux volumes,* par P. JOUSSET. Merveilleuse et vivante évocation de toutes les beautés de notre pays. 1 942 gravures photographiques, 47 planches hors texte, 21 cartes et plans en noir, 30 cartes en couleurs. Broché. . . . . 56 francs
Relié demi-chagrin . . . . 68 francs

ATLAS COLONIAL ILLUSTRÉ. 7 cartes en couleurs, 70 cartes en noir, 16 planches hors texte, 768 gravures photographiques. Broché . . . . 18 francs
Relié demi-chagrin . . . . 23 francs

PARIS-ATLAS, par F. BOURNON. 595 gravures photographiques, 32 dessins, 24 plans en huit couleurs. Br. . . 18 francs
Relié demi-chagrin. . . . . 23 francs

L'ALLEMAGNE CONTEMPORAINE ILLUSTRÉE, par P. JOUSSET. 588 gravures photographiques, 8 cartes en couleurs, 14 cartes ou plans en noir. Broché. . . . 18 francs
Relié demi-chagrin . . . . 23 francs

LA BELGIQUE ILLUSTRÉE, par DUMONT-WILDEN. 601 gravures photographiques, 15 planches hors texte, 4 planches en couleurs, 6 cartes en couleurs, 19 cartes en noir. Broché, 20 francs; relié demi-chagrin . . . . 26 francs

L'ESPAGNE ET LE PORTUGAL ILLUSTRÉS, par P. JOUSSET. 772 gravures photographiques, 10 cartes et plans en couleurs, 11 cartes et plans en noir. Broché . . . 22 francs
Relié demi-chagrin. . . . . 28 francs

LA HOLLANDE ILLUSTRÉE, par VAN KEYMEULEN, BOOT, etc. 349 gravures photographiques, 2 planches en couleurs, 15 planches en noir, 4 cartes en couleurs, 35 cartes en noir. Broché, 12 francs; relié demi-chagrin . . . . 17 francs

L'ITALIE ILLUSTRÉE, par P. JOUSSET. 784 gravures photographiques, 14 cartes et plans en couleurs, 9 cartes en noir. Broché, 22 francs; relié demi-chagrin. . . . . 28 francs

LE JAPON ILLUSTRÉ, par Félicien CHALLAYE. 677 gravures photographiques, 4 planches en couleurs, 8 planches en noir, 11 cartes et plans en couleurs, 15 cartes et plans en noir. Broché, 20 francs; relié demi-chagrin. . . . . . . 26 francs

LA SUISSE ILLUSTRÉE, par A. DAUZAT, 635 gravures photographiques, 10 cartes en noir, 11 cartes en couleurs, 2 pl. en coul., 12 pl. en noir. Broché, 19 fr.; rel. demi-ch. 25 francs

ATLAS LAROUSSE ILLUSTRÉ. 42 cartes en couleurs, 1 158 grav. photogr. Br., 26 fr.; relié d.-chagrin. 32 francs

LA TERRE, GÉOLOGIE PITTORESQUE, par Aug. ROBIN. 760 gravures photographiques, 24 hors-texte, 53 tableaux de fossiles, 158 dessins et 3 cartes en couleurs. Broché. 18 francs Relié demi-chagrin. . . . . 23 francs

LA MER, par CLERC-RAMPAL. 636 gravures photographiques, 16 hors-texte, 4 planches en couleurs, 6 cartes en couleurs, 316 cartes en noir ou dessins. Broché . . . . 20 francs Relié demi-chagrin. . . . . 26 francs

LE MUSÉE D'ART (DES ORIGINES AU XIXᵉ SIÈCLE), publié sous la direction d'E. MÜNTZ. 900 grav. photogr., 50 planches hors texte. Broché, 22 fr.; relié demi-chagrin . . 27 francs

LE MUSÉE D'ART (XIXᵉ SIÈCLE), publié sous la direction de Pierre-Louis MOREAU. 1 000 gravures photographiques, 58 planches hors texte. Broché. . . . . 28 francs Relié demi-chagrin. . . . . 34 francs

LES SPORTS MODERNES ILLUSTRÉS, encyclopédie sportive illustrée, publiée sous la direction de P. MOREAU et G. VOULQUIN. 813 gravures, 28 planches hors texte. Broché, 20 francs; relié demi-chagrin . . . . 26 francs

En cours de publication : HISTOIRE DE FRANCE CONTEMPORAINE ILLUSTRÉE.

Paris. — Imp. LAROUSSE, 17, rue Montparnasse. — 755

www.ingramcontent.com/pod-product-compliance
Lightning Source LLC
Chambersburg PA
CBHW071502200326
41519CB00019B/5841